Franz Meurer

Waffeln, Brot und Gottes Glanz

Franz Meurer

Waffeln, Brot und Gottes Glanz

Wie Kirche es gebacken kriegt

HERDER

FREIBURG · BASEL · WIEN

Der Autor hätte unter Berücksichtigung der gesellschaftlich laufenden Debatte gerne die geschlechtergerechte Sprache seines Textes mit dem Gender-Sternchen (*) deutlich gemacht. Der Verlag Herder hat für alle seine Publikationen entschieden, auf Gender-Sonderzeichen wie *, / und _ zu verzichten. Blinden- und Sehbehindertenverbände haben darauf hingewiesen, dass Vorlesegeräte diese Zeichen nicht verarbeiten können. Das, findet der Autor, ist ein Argument und er hat deshalb dem Gebrauch der Beidnennung wie »Messdienerinnen und Messdiener« sowie alternativ der wechselnden Nennung der weiblichen und männlichen Form zugestimmt.

MIX
Papier aus verantwortungsvollen Quellen
FSC www.fsc.org **FSC® C014496**

Die Bibeltexte sind entnommen aus:
Die Bibel. Die Heilige Schrift
des Alten und Neuen Bundes.
Vollständige deutsche Ausgabe DIE BIBEL
© Verlag Herder, Freiburg im Breisgau 2005

Originalausgabe
© Verlag Herder GmbH, Freiburg im Breisgau 2021
Alle Rechte vorbehalten
www.herder.de

Satz: ZeroSoft SRL, Timisoara
Herstellung: GGP Media GmbH, Pößneck

Printed in Germany

ISBN Print 978-3-451-39060-9
ISBN E-Book 978-3-451-82360-2

Inhalt

Inhalt

Einleitung

Der Clou sind die Waffeln am Stiel.

Jeden Sonntag ist nach der Heiligen Messe, die um 11 Uhr beginnt, Treffen im Kirchencafé und drum herum. Immer gibt es Blechkuchen, den liebe Frauen am Freitag vorher frisch im Konvektomat backen. Kaffee natürlich auch. Und für die Kinder Kakao.

Manchmal gibt es auch Fritten, Pizza oder kleine Würstchen. Besonders beliebt sind allerdings die frischen Waffeln. Spätestens zur Predigt hat der Duft aus den Waffeleisen die ganze Kirche erfüllt, obwohl die Glastür zum Café geschlossen bleibt. Alle freuen sich schon.

Dann und wann machen wir für die Kinder auch Waffeln am Stiel. Dafür haben wir spezielle Waffeleisen besorgt, die vier Holzstiele in vier Herzwaffeln einbacken. Da die Stiele teurer sind als der Teig, erlauben wir uns den Spaß nur hin und wieder.

Ich habe vorgeschlagen, die Kinder doch zu bitten, die Stiele nach Verzehr der Waffel zurückzugeben, und sie dann in der Spülmaschine zu säubern. Das lehnt das Café-Team strikt ab: Was andere im Mund hatten, besonders wenn es aus porösem Holz ist, darf man nicht noch einmal verwenden. Der Stiel ist also eine Stil-Frage.

Wie auch die ganze Waffel. Der Stiel ist für die Kinder wie ein Upgrade: Dadurch wird die Waffel dem Eis am Stiel gleichwertig!

Das bekommen die Kinder im Sommer auch jeden Sonntag. Zum Glück finden sie das bunte Wassereis am besten: Wenn man 200 Stück kauft, kostet so ein Eis tatsächlich nur 6 Cent. Wichtig sind dabei die Farben. Manches Kind überlegt eine ganze Minute lang, welche Farbe es wählen soll. Ältere Kinder sind scharf auf Schwarz, denn darin steckt der Cola-Geschmack.

Die Waffel am Stiel passt zu unserem Stil. Unser Motto stammt von Hilde Domin: »Denn wir essen Brot, aber wir leben vom Glanz.«

Oder einfacher: Wo es arm ist, darf es nicht ärmlich sein.

So erlauben wir uns manchmal den Luxus, die Kinder mit Waffeln am Stiel zu erfreuen. Viele verstehen den Stil und essen die Waffel nicht sogleich, sondern nehmen sie mit nach Hause, um sie anderen Kindern oder Oma und Opa zu zeigen.

1. Gut

»Mir geht es gut. Wenn es den anderen auch gut ginge, ginge es mir noch besser.« Diesen Spruch hörte ich erst kürzlich, er drückt aus, was Solidarität meint. Wie auch der kölsche Satz: »*Mer muss och jünne könne*«, also den andern etwas gönnen können.

Kinder sind schon mit zwei Jahren solidarisch, wie der Verhaltensforscher Michael Tomasello in jahrzehntelanger Arbeit bewiesen hat. Nicht, um den Eltern zu gefallen – das wäre Darwinismus –, sondern weil es sich über Jahrzehntausende in uns Menschen genetisch entwickelt hat. Wir sind also *Im Grunde gut*, wie der Bestseller von Rutger Bregman aus dem Jahr 2020 heißt.

Rutger Bregman zeigt auf über 400 Seiten plus mehr als 40 Seiten mit Anmerkungen, dass wir Menschen grundsätzlich zum Guten fähig sind. Da dies auch meine Meinung ist, musste ich das Buch unbedingt lesen. Hier die zwei Geschichten, die mich besonders bewegt haben:

Die meisten von Ihnen kennen wahrscheinlich den Weltbestseller von William Golding. 1954 schrieb er das Buch *Der Herr der Fliegen*. Darin schildert er die erfundene Geschichte einer Gruppe englischer Internatsschüler, die auf einer Insel stranden und ohne Lehrer überleben sollen. Die Jugendlichen vergessen ihre sehr gute Erziehung. Es wird ein Horrortrip. Der einzige Vernünftige, wegen seiner Körperform Piggy genannt, wird umgebracht, auch andere sterben. Das Feuer, das nie ausgehen soll, erlischt, weil die Nachtwachen pennen. Viele haben das Buch in der Schule gelesen, auch auf Englisch.

Stimmt diese Botschaft: Der Mensch ist des Menschen Wolf, und die dünne Haut der Zivilisation zerreißt ganz schnell? Rutger Bregman erbringt den Gegenbeweis mit einer wahren Geschichte. Er hat die Story recherchiert und zeigt im Buch sogar Fotos von Beteiligten. 1977 sind sechs Jungen in einem Internat auf der Insel Tonga in der Südsee. Ihnen ist langweilig, und sie beschließen, sich einfach ein Boot zum Angeln »auszuleihen«. Sie stechen in See und geraten in ein schweres Unwetter. Nach rund 200 Seemeilen erleiden sie Schiffbruch auf der unbewohnten kleinen Insel Ata. Hier harren sie 16 Monate aus, bis sie gerettet werden. Was geschieht?

Das genaue Gegenteil zum *Herrn der Fliegen*, die sechs halten zusammen. Sie legen einen Gemüsegarten an, fangen Fische. Einem, der später Ingenieur wird, gelingt es nach einiger Zeit, mit einem Holzstab, den er zwischen den Händen rollt, und sehr trockenem Gras Feuer zu machen. Pfadfinderinnen und Pfadfinder kennen das. Einer bricht sich das Bein, gut geschient wächst es zusammen. Natürlich gibt es auch Krach. Dann machen die sechs, was mich am meisten begeistert: Die Kontrahenten gehen auf die entgegengesetzten Seiten der kleinen Insel und kommen erst wieder zusammen, wenn der Ärger verraucht ist. Im Grunde gut. Die Realität toppt die Fiktion!

Die andere Geschichte, die mich bewegt hat, ist wohl erfunden. Ein Opa sagt zu seinen Enkelsöhnen: »Ihr habt zwei Wölfe in euch, einen guten und einen bösen. Die kämpfen miteinander.« Die Jungs: »Wer gewinnt?« Der Opa: »Der, den du fütterst.« So wünsche ich Ihnen und mir, dass wir den richtigen Wolf füttern. Denn wir sind ja im Grunde gut.

Solidarität kommt vom lateinischen Begriff: *»in solidum«*, »für das Ganze«. Für das Ganze und den anderen eintreten, für ihn bürgen. Die Bürgin oder der Bürge trägt also die Last der oder des anderen. Die Gesunden die Last der Kranken, die Reichen die Last der Armen.

Es ist auch eine Frage der Solidarität, wie wir mit dem Virus und seinen Risiken umgehen. Hält das soziale Netz? Geben wir den Kranken eine Chance?

Es sieht ja gut aus. Nicht nur unsere Bundeskanzlerin und Gesundheitsminister Spahn beschwören den Zusammenhalt. Auch der Landrat des Kreises Heinsberg, wo die ersten Coranakranken waren, wird als *Local Hero*, als Held vor Ort, in den Medien gefeiert, weil er die richtigen Worte und Wege fand. Damit stimmt auch das Karnevalsmotto 2020 in Köln: *»Et Hätz schleiht em Veedel«*, das Herz schlägt im Wohnviertel, lokal.

Was heißt das praktisch? Wer in Quarantäne leben muss, erfährt die Hilfe der Nachbarn. Sie kaufen für ihn ein und stellen die Sachen vor die Tür. Über die sozialen Medien sprechen die Menschen mit den in Quarantäne Lebenden. Oder sie nehmen Kinder auf, die nicht mehr bei ihren Eltern sein sollen, weil die vielleicht infiziert sind.

Der Fantasie der Solidarität sind keine Grenzen gesetzt! Vielleicht spielt jemand Schach über das Internet mit einem Menschen, der zu Hause bleiben muss. Vielleicht liest einer im Internet Geschichten vor für die Kinder, deren Kindergarten geschlossen wurde. Vielleicht kennt jemand Rätsel oder spannende Aufgaben für die Kinder, die nicht in die Schule gehen können. Dies soll nicht den Lehrerinnen und Lehrern vorgreifen, die Aufgaben per Mail stellen. Aber es kann ja die gemeinsame Verantwortung aller in fröhlicher Art ins Wort bringen.

»Et Hätz schleiht em Veedel«. Also birgt die Krise auch eine Chance! Dass wir entdecken, wie sehr wir aufeinander angewiesen sind.

2. Brot

»Denn wir essen Brot, aber wir leben vom Glanz.« Das Wort aus Hilde Domins Gedicht *Die Heiligen* ist die Überschrift der ökumenischen und anderer Aktivitäten in unserem leider recht armen Stadtteil Höhenberg/Vingst, kurz »HöVi« genannt, im Osten der Stadt Köln. Wir gehören zum Stadtbezirk Kalk. Der war einmal, zum Ende des 19. Jahrhunderts, für kurze Zeit der größte Industriestandort in Europa. Die Fabriken prägten bis in die 80er-Jahre des 20. Jahrhunderts das Leben der Menschen. Den Älteren sind noch die Namen bekannt: Klöckner-Humboldt, Deutz-Motoren, Ronson-Feuerzeuge, Hagen-Batterien, Fahr-Traktoren, Liesegang. Allein das Kabelwerk in Mülheim hatte mehr als 20 000 Mitarbeiterinnen und Mitarbeiter. Heutzutage sind Überseekabel entbehrlich. Die Chemische Fabrik in Kalk hatte noch 1500 Arbeiterinnen und Arbeiter, als ich hier vor dreißig Jahren als Pastor anfing, heute gibt es sie nicht mehr. Insgesamt fielen rund um unseren Stadtteil etwa 60 000 Arbeitsplätze weg.

Damals hatten die Arbeiterinnen und Arbeiter ein gutes Einkommen. Der Kaufhof in Kalk war einmal im Verhältnis zur Verkaufsfläche der umsatzstärkste in Deutschland, auch den gibt es nicht mehr.

Die Straßenbahnen hatten einen speziellen Billigtarif zur Mittagszeit, damit die Frauen ihren Männern das Essen in die Fabriken bringen konnten. Die Firmen stellten keine Kantinen, sondern nur flache Behälter mit heißem Wasser, in die die Ehefrauen die »Henkelmännchen« mit dem Mittagessen stellen konnten. Bevor es die Straßenbahn gab, organisierten die Frauen eine Kutsche, die von Pferden gezogen das Essen transportierte. Summa summarum: eine blühende Arbeiterkultur. Mit viel selbstverständlicher Solidarität.

Die Jungsozialisten brachten den Seniorinnen die Kohlen in die Etagenwohnungen. Zum Baden wurde damit der berühmte Kohleofen in runder Form geheizt, der das warme Wasser von unten hochdrückte. Es gibt bei uns eine Museumswohnung, in der man das besichtigen kann, auch die weiße Küche mit dem Kühlschrank, der mit Blockeis betrieben wurde.

Wenn eine Familie in den 50er-Jahren des letzten Jahrhunderts eine Schallplatte kaufte, wurde die natürlich der ganzen Nachbarschaft präsentiert und mehrmals gemeinsam angehört. Wenn ein Fernseher angeschafft wurde, natürlich schwarz-weiß, stand der auch den Nachbarn zur Verfügung. So habe ich meinen ersten Fernsehfilm im Nachbarvorort Mülheim beim übernächsten Nachbarn geschaut: *So weit die Füße tragen*. Unseren Stadtteil trennt von den ehemaligen Fabriken in Kalk eine breite Eisenbahnstrecke, die im Güterbahnhof Gremberg endet. Zwei lange Unterführungen schaffen die Verbindung. Als es die vielen Fabriken noch gab, standen freitags die Ehefrauen vor der Unterführung, um den Männern die Lohntüten abzunehmen. Das Gehalt wurde damals nämlich noch wöchentlich und in bar ausgezahlt. Etwas durften die Männer behalten, denn hinter den Eisenbahnunterführungen reihten sich die Wirtschaften. Dort durften sie sich dann als Lohn für die harte Arbeitswoche einige Kölsch genehmigen, wie hier das Bier gleichlautend zum Dialekt heißt. Heute gibt es auch die Wirtschaften nicht mehr. Stattdessen sind dort Läden in türkischer Hand. Inzwischen haben 76 Prozent der Kinder bei uns einen Migrationshintergrund, wie man das heute nennt. Was ja okay ist. So läuft eben Segregation.

Warum haben hauptsächlich die Männer in den Fabriken gearbeitet, weniger die Frauen? Es war klar, dass die Männer ihren Ehefrauen gerne sagten: Nun brauchst du nicht mehr arbeiten zu gehen, ich verdiene genug! Du kannst zu Hause bleiben und für ein schönes Familienleben sorgen. Dann machten die Frauen vielleicht noch einen Teilzeitjob. Die Männer arbeiteten durchweg auch am Samstag und machten gerne Überstunden. Das Ziel war, das Geld für einen Volkswagen oder einen Ford zusammenzutragen und dann mal in Urlaub zu fahren.

Die Frauen trafen sich in den Waschhäusern. Es gibt bei uns noch zwei, die inzwischen zu Begegnungsräumen umgebaut wurden. Es gab ja noch keine Waschmaschinen zu Hause; der Werbespruch »Miele, Miele sprach die Tante, die alle Waschmaschinen kannte« zog erst später. Die Waschhäuser waren sozusagen feministische Kommunikationsorte. An jedem Wochentag hatte eine andere Frauengruppe Zugang. Im katholischen Milieu ergänzte die wöchentliche Frauenmesse die segensreiche Funktion der Waschhäuser. Danach war Kaffee und Kuchen im Pfarrheim vorbereitet. Kommunikation pur. Wie weit dieser Austausch zum Frieden in den Familien beigetragen hat, lässt sich kaum ermessen.

In der Arbeiterkultur gab es eine klare Position zur Abtreibung. Als Studenten im Bonner Priesterseminar haben wir jeden Abend eine Demonstration bekocht, die sich gegen die Schließung des Braunkohletagebaus bei Aachen richtete. Als wir eines Tages das Essen brachten und die Kohlefeuer in den Öltonnen brannten, kam die Sprache auf dieses Thema. Die einhellige Meinung war: »Wo fünf Kinder satt werden, reicht es auch für sechs. Notfalls kommt Wasser in die Suppe.« Klartext.

Warum erzähle ich das alles?

Weil ich das Buch von Thomas Ruster gelesen habe: *Wandlung. Ein Traktat über Eucharistie und Ökonomie* (Matthias Grünewald Verlag 2009). Dahinter vermute ich die Vision einer solidarischen Gesellschaft, wie sie auch Papst Franziskus in seiner Enzyklika *Fratelli tutti* umtreibt. Und wie die Arbeiter sie lebten. Der erste Satz des Buches lautet: »Nichts deutet auf einen Wandel der Verhältnisse zum Besseren hin.« Das sehe ich allerdings etwas anders und möchte es im Folgenden begründen.

Wahrscheinlich rührt mein Standpunkt auch daher, dass ich mir seit Langem abtrainiert habe, auf das Schlechte zu schauen. Nach dem Motto: Noch nie hat ein gesunder Apfel einen faulen wieder frisch gemacht, immer nur umgekehrt.

So entdecke ich in unserem *Veedel*, wie ein Stadtteil in Köln heißt, immer noch die Nachwirkungen der alten Arbeiterkultur. Fast immer melden sich mehr Menschen, die mithelfen wollen bei

Projekten, als nötig sind. Dies gilt auch für die Bewohner mit Migrationshintergrund! Offensichtlich steckt Solidarität gegenseitig an.

Mich angesteckt hat in Corana-Zeiten die Erkenntnis von Thomas Ruster: »Die katholische Art der Verwandlung von Eigennutz in Güte und Schönheit vollzieht sich im Gottesdienst« (S. 36). Wie Ruster dies im Blick auf das Fronleichnamsfest im Einzelnen entwickelt, ist im Buch zu lesen. Zentral ist die Erkenntnis nach Papst Urban IV. (1261–1264), dass die Speise, die den Tod bringt, verwandelt wird in die Speise, die das Leben bringt, Schönheit, Güte und Glanz. Das Erste, die Speise zum Tod, ist symbolisch die Frucht am »Baum der Erkenntnis«. Davon war es verboten zu essen, und als die Menschen es doch taten, so der biblische Mythos, führte das zum Verlust des Paradieses, zur Mühsal der Arbeit, um sich zu ernähren, und zum Tod. Mich erinnert das an die Menschen, die hart und oft mehr als zumutbar arbeiten müssen, um sich und ihre Familie zu ernähren, und es gibt viele Menschen auf der Erde, bei denen es trotz harter Arbeit nicht für das Notwendige reicht. In Deutschland kennen zum Beispiel viele alleinerziehende und im Niedriglohnsektor berufstätige Mütter diese Klemme. Daneben gibt es Menschen, die sterben den »Tod am Brot allein«. Dorothee Sölle hat das so formuliert und dazu ausgeführt: »Wir atmen noch, konsumieren weiter, wir scheiden aus, wir erledigen, wir produzieren, wir reden noch vor uns hin und leben doch nicht.« Solche Menschen kennen Sie und ich auch, und die Gefahr, so zu leben, vielmehr so zu »sterben«, ist nie weit weg. Und es gibt, zweitens, die Speise, die das Leben bringt. Das ist das Brot der Eucharistie, das Papst Urban IV. meinte. Aber damit ist auch jedes Brot gemeint und alles, das miteinander geteilt wird: das solidarische Brot und das solidarische Leben in Beziehungen.

Ökonomie und Eucharistie sind die Gegensätze.

Ruster ist genauso Kapitalismuskritiker wie Papst Franziskus mit seinem berühmten Wort: »Diese Wirtschaft tötet.« Der Theologe beschreibt die »hässliche Fratze« des Kapitalismus, starker Tobak. Auch in der Form der Sozialen Marktwirtschaft sieht er das Böse am Werk. Für jede Ökonomie, die zum Wachstum verdammt ist, gilt: »Dieses System hindert uns daran, das Böse zu unterlassen« (S. 15).

Also resümiert er: »Am Ende steht in jedem Fall die Tatsache, dass Rheinischer Kapitalismus bzw. Soziale Marktwirtschaft in den Zeiten der verschärften Globalisierung ausgespielt haben. An diese Tradition ist nicht mehr anzuknüpfen« (S. 105).

Das sehe ich anders, und zusammen mit anderen habe ich zwei Bücher zum Rheinischen Kapitalismus verfasst. Eins stellt elf Unternehmen vor, in denen Fairness und Orientierung an den *Stakeholdern* praktiziert und gelebt werden (*Kapitalismus, der gut tut. Elf rheinische Wirtschaftsbürger, die mehr machen als Geld*, von Franz Meurer und Peter Sprong, Books on Demand 2019). Im anderen Buch ist zu lesen, was den Rheinischen vom Raubtierkapitalismus unterscheidet, den es leider auch gibt (*Rheinischer Kapitalismus. Eine Streitschrift für mehr Gerechtigkeit*, von Franz Meurer, Jochen Ott und Peter Sprong, Verlag Greven 2014).

Sehr einverstanden bin ich mit der zentralen Bedeutung der Eucharistie bei Ruster. Über die Selbsthingabe Christi schreibt er: »Das Brot, Ausdruck elementarer Selbsterhaltung und Wirtschaftens, wird verwandelt in ein Nahrungsmittel, das nicht mehr aus dem Kampf um knappe Güter hervorgeht« (S. 143).

Ruster schreibt von »Kirche als Gegengesellschaft« (S. 156), sogar von »Kirche als antikapitalistischer Gegengesellschaft« (S. 169). Gemäß dem Wort von Hilde Domin versuchen wir in unserem Viertel mit gut 25 000 Einwohnern etwas davon zu leben. 26 Prozent der Haushalte sind überschuldet, gut 50 Prozent der Kinder arm. Was wir im Einzelnen tun, findet sich im Internet unter www.hoevi.de.

Alles, was irgend geht, findet ökumenisch statt, nach dem Motto: Ökumene ist doppelt so gut und halb so teuer. Das Highlight ist seit 27 Jahren die Kinderstadt im Sommer mit über 600 *Pänz*, wie die Kinder in Köln heißen. Mit Geld kann man bei uns nichts kaufen. Ein Pfarrfest, bei dem man Essen und Trinken kaufen muss, schließt sofort die Lieblinge Jesu aus, die Armen.

»Wo es arm ist, darf es nicht ärmlich sein.« So waren vor der Weihe der neuerbauten Kirche im Kirchencafé schon die »Mercedesse unter den Kaffeemaschinen« installiert, wie die Menschen stolz feststellen. Im Basement der Kirche befinden sich die Lebensmittelausgabe, eine Fahrradwerkstatt mit über 2000 verschenkten Rädern pro Jahr, Kleiderkammer, Kinderbedarfskammer, Werkstätten. Von all dem habe ich im vorhergehenden Buch *Glaube, Gott und Currywurst* (Verlag Herder 2020) erzählt.

Zum »Glanz« gehört bei uns aber auch die Fronleichnamsprozession mit dem eucharistischen Brot in der Mitte. Anders als Thomas Ruster sie beschreibt, eine »komische oder bloß folkloristische Vorstellung« (S. 8), ist bei uns die Prozession ein Ereignis, das jedes Jahr Menschen aus der Gemeinde neu gestalten. Die Regenbogenfahne und die Fahne von Maria 2.0 sind neben den anderen selbstverständlich dabei. Die Regenbogenfahne weht auch am Mast vor der Kirche. Wir machen auch multireligiöse Feiern in unserem Viertel, in dem wir Christen nicht mehr die zahlenmäßig größte Religion stellen. Aber gerade die Muslime finden es voll in Ordnung, dass wir Christen wie sie auch die religiösen Feste öffentlich feiern. Nach der Prozession ist natürlich Agape mit Fritten und Pizza.

Thomas Ruster sieht die Problematik der Erstkommunionvorbereitung: »Kaum eine Kommunionkatechese, die darauf verzichtete, die Erfahrung des Mahlens der Körner, des Backens und gemeinsamen Verzehrens symbolisch auszudeuten. Die Gegenwart des Herrn reduziert sich auf den ethischen Impuls, sich der Mahlsymbolik entsprechend zu verhalten« (S. 105). Er schreibt, er wolle dies nicht kritisieren, ich mache es daher.

Vielleicht ist es hier bei uns einfacher, weil die Armut unsere Chance ist. *Communio* heißt Gemeinschaft. Wir teilen das Brot, denn Teilen macht froh – »in echt«, wie die *Pänz* bei uns sagen. Kommunion bedeutet: *»Ich loss dich nitt em Riss.«* Damit öffnet sich der Himmel, denn Auferstehung heißt ja auf Hochdeutsch: »Ich lasse dich nicht hängen.« Im direkten Wortsinn: auch nicht am Kreuz.

Thomas Ruster schreibt, dass es nicht gelingt, »die Kommunionkinder nach der Erstkommunion als Gemeinschaft zusammenzuhalten« (S. 106). Sicherlich nicht nur in den alten Formen, obwohl es bei uns auch Pfadfinder, KJG, Kinderchor und Messdienerinnen gibt. Spätestens in der Kinderstadt im Sommer sind dann allerdings alle dabei. Aber auch das ist nicht das Wichtigste. Aus meiner Sicht ist entscheidend, ob die Kinder spüren, dass die Frucht der Eucharistie die Solidarität ist. Dies nicht im moralischen Sinn, sondern existenziell: Wir Menschen sind aufeinander angewiesen. Weil Gott dabei mitmacht und uns Kraft gibt durch seinen Sohn, können wir uns auf ihn und aufeinander verlassen. Das Wir toppt das Ich.

Ganz praktisch bedeutet das, dass wir dann »in echt« niemanden, der am Fliegenfänger klebt, hängen lassen dürfen, wie man bei uns sagt, wenn jemand ohne Hilfe nicht mehr abheben kann.

Das macht Arbeit, von der ich in diesem Buch erzähle, das ergibt aber auch Sinn, und den kriegen Sie vielleicht auch mit.

Das Buch von Ruster habe ich mit großem Gewinn gelesen. Persönlich würde es mich freuen, wenn der Kapitalismus nach Corona sich so entwickelt, dass Thomas Ruster, wir in HöVi und viele, die Solidarität brauchen, mehr Freude daran finden können. *On verra*.

3. Vingst

Ab und zu kommen Briefe an mit der Aufschrift »Köln-Pfingst«. Bevor ich hier Pastor wurde, wusste ich auch nicht, dass es ein »Vingst« gibt. Woher kommt der Name dieses Stadtteils?

In einer Urkunde von 1003 wird Vingst als fränkischer Hof der Abtei in Deutz erwähnt. Bis zum Ende des Mittelalters in verschiedenen Schreibweisen: Winshem, Vinzenza, Vinza, Vinx, schließlich Vingst. Ein Forscher vermutet, der Name habe mit Wein zu tun, von dem Lateinischen »vinitor«, Weinbauer. Das wäre allerdings ein saurer Tropfen gewesen!

Den Zugang zur wahrscheinlichsten Herkunft des Namens findet man im Auto. Wenn man von Köln über die A61 nach Koblenz fährt, überquert man die Ahr, dann das Brohltal und bald darauf den Vinxtbach. Er fließt durch ein wunderbares Wacholdergebiet mit den kleinen Dörfern Ober-, Mittel- und Untervinxt. Warum heißt der Bach so? Weil er eine Grenze markiert, nämlich erstens bis heute eine Sprachgrenze, die zwischen mosellanischem und rheinischem Dialekt. Zweitens markiert der Bach in alter Zeit die Grenze zwischen Ober- und Niedergermanien mit den Hauptstädten Trier und Köln.

Also heißt »ad vinxtum«: an der Grenze, am Rand. An welchem Rand liegt denn nun Vingst? Ein Blick auf die Nachbarvororte von Köln weist die Richtung. Da sind Merheim und Heumar. »Mer« und »mar« verweisen auf »Maar« oder »Meer«, also Wasser. Höhenberg als direkter Nachbarvorort zeigt, dass es etwas mit höher und tiefer zu tun hat. Wenn man dann noch weiß, dass bei uns in Vingst die unterste von zwei Parketagen in einem Hochhaus immer unter Wasser steht und nie ein Auto dort parken kann und dass unter der

Kreuzung Burgstraße/Olpener Straße ein Pumpwerk arbeitet, dann ist die Lösung nicht mehr weit. Hier verläuft der alte Rheinarm zwischen Porz-Groov und Flittard. Vingst liegt am Rande dieses Rheinarms.

Für die sozialen Räume unter der Kirche St. Theodor ist dies der Kick gewesen. Durch die Sandaufschüttungen des verlandeten Rheinarms liegt die Straße vor der Kirche 1,70 Meter höher als das Niveau hinter der Kirche. So geht es davor sechs Prozent hoch, dahinter sechs Prozent runter, mehr Gefälle ist nicht erlaubt. Dadurch gewinnen wir ein Basement von gut 800 Quadratmetern. Für Fahrradwerkstatt, Kleiderkammer, Lebensmittelausgabe, Werkstätten, Kinderbedarfskammer ...

Der Papst sagt, Christen sollten an die Ränder gehen. Wir sind schon dort, sogar im Wortsinn. Vingst: *Nomen est omen.*

4. Jecken

Das gilt in Köln: *»Jeder Jeck is anders«*. *»Jeck«* ist hier natürlich generisch gebraucht. Papst Benedikt ist zwar Bayer, hat aber auch im Rheinland gewirkt als Professor an der Universität Bonn und als Berater von Kardinal Frings. Der war schon fast erblindet und lernte für das Konzil die Reden auswendig, die Ratzinger mit vorbereitete. Vielleicht brachte seine Zeit im Rheinland den späteren Papst dazu, auf die Frage eines Kindes, wie viele Wege zu Gott es denn gebe, zu antworten: »So viele, wie es Menschen gibt.« Jeder Jeck ist eben anders auf seinem Weg zu Gott.

Zur Verstärkung des Gedankens dient noch ein anderer Kölner Spruch: *»Jeck loss Jeck elans«*, also: Lass die andere oder den anderen seine Eigenart auch leben! Der Rheinländer ist also in den Genen liberal. Da er wie alle Menschen Ebenbild Gottes ist, dehnt er diese Einstellung auch auf Gott aus und ist sich sicher: *»Der Herrjott is nit esu.«*

Warum verkleidet sich der Rheinländer – wieder generisch gemeint – dann noch zu Karneval? Weil es den Blick weitet, in neue Rollen zu schlüpfen. Und ganz einfach aus »Spaß an der Freud« – die pure Tautologie, aber nicht nur im Karneval eine gute Begründung für manches. Es gibt einen weiteren, tieferen Grund. Für unser Verhältnis zu Gott gilt das Gesetz der Analogie. Das heißt: Jede Aussage über Gott ist ihm unähnlicher als ähnlich! Aha, hört sich kompliziert an, ist aber ganz einfach: Gott begegnet uns immer in Verkleidung, wir erkennen ihn selten oder nie direkt. So sehen wir in Jesus das Bild, die Ikone des unsichtbaren Gottes. Jesus wiederum begegnen wir in den Menschen in Not. »Was ihr diesem Armen, Nackten, Hungrigen … getan habt, habt ihr mir getan.«

Noch tiefer bedenkt es Dietrich Bonhoeffer, wenn er schreibt: »Einen Gott, den es gibt, gibt es nicht.« Oder verständlicher: »Wir leben in dieser Welt ohne Gott vor Gott.« Wir können ihn nicht festhalten oder in Begriffe fassen oder auf einem Video streamen, aber doch »anschauen« – im Gebet, in Menschen in Not. Die Muslime drücken die Unerreichbarkeit Gottes mit dem hundertsten Namen Allahs aus, der unbekannt ist: 99 wissen wir, etwa »der Barmherzige«, aber den wohl entscheidenden hundertsten nicht.

Menschen sind mit dem Bild, das sie auf der Straße, im Beruf und in ihrer freien Zeit abgeben, auch nie hundert Prozent authentisch. Da ist sowieso viel Uniformität dabei, die das Geschlecht, der Berufsstand, die Mode, die Konvention und der jeweilige Anlass vorgeben. Jede und jeder ist und kann auch ganz anders. Und nur in der Verschiedenheit sind alle gleich. Das zeigt der Karneval.

Die Segnung homosexueller Partnerschaften wurde 2021 zum Thema in der Kirche, weil der Vatikan auf eine Anfrage von unbekannter Seite, *»Dubium«* genannt, verlauten ließ, dies sei nicht erlaubt. Daraufhin zog unser Pfarrgemeinderat sogleich die Regenbogenfahne vor der Kirche auf.

Zur Frage, was denn segensreich sei, kann der Rheinländer, noch immer generisch, Entscheidendes beitragen. Denn er kennt als Heilsmittel nicht nur sieben, sondern zehn Sakramente. Nummer 8 lautet *»Bläsiessäje un Äschekrützje«* (Blasiussegen und Aschenkreuz). Hier wirft der Rheinländer gleich zwei Sakramentalien in einen Topf. Nummer 9 ist *»Tant em Kluster«* (eine Tante im Kloster). Wenn die dort intensiv betet, kann man das eigene Gebetsleben entsprechend gering dosieren. Und zehntens *»Kreppche luure«* (Weihnachtskrippen anschauen). Die stehen im Rheinland nicht nur in den Kirchen, sondern auch in Geschäften, auf den Weihnachtsmärkten und unter freiem Himmel.

Wer jetzt noch nicht genug hat, kann gerne die Palmzweige vom Palmsonntag als Nr. 11 rechnen. Die Nachfrage ist enorm. So haben wir eine kleine Plantage mit Buchsbaum angelegt, um Selbstversorger zu sein. Auf dem Markt ist der Palm teuer! Zum Glück ist unser Buchs noch vom Buchsbaumzünsler verschont geblieben.

4. Jecken

Jeder Jeck is anders, das zeigen die in diesem Buch verteilten meist kurzen Texte von Menschen, die sich in HöVi engagieren. Da unser Ansatz im Sozialraum von den Beiträgen der Vielen lebt, wollte ich dies nicht nur beschreiben, sondern auch »Originaltöne« aufnehmen. Deshalb habe ich Menschen gefragt, warum sie mitmachen und was die Bedingungen für das Engagement sind. Die Spanne ist weit: Einer tritt als junger Mensch in die Kirche ein und lässt sich taufen, ein anderer tritt aus und bleibt in der Gemeinde. Ihre Beiträge sind, so haben wir das vereinbart, mit ihrem Vornamen und dem Initial ihres Nachnamens gekennzeichnet. Der evangelische Pastor gehört ja eigentlich auch dazu, aber vereinnahmen wollen wir ihn nicht, also steht sein ganzer Name da. Ebenso beim Beitrag von den jungen Menschen aus einer christlichen Wohngemeinschaft und bei den drei Stimmen, die nicht aus HöVi kommen, die aber solidarisch, kritisch und hilfsbereit dazugehören, gewissermaßen »ehrenhalber«.

Mich freut in den Gemeindestimmen der frohe Grundton, nicht nur beim Veranstalter der Kirmes. Und Humor ist auch dabei.

Martin Buber hat gesagt: »Wenn ein Mensch nur Glauben hat, steht er in Gefahr, bigott zu werden. Hat er nur Humor, läuft er Gefahr, zynisch zu werden. Besitzt er aber Glaube und Humor, dann findet er das richtige Gleichgewicht, mit dem er das Leben bestehen kann.«

Georg K., *59 Jahre:*

Mir wurde es quasi in die Wiege gelegt und von meinen Eltern vorgelebt. Meine Eltern, die beide verstorben sind, waren immer im Viertel und in der katholischen Pfarrgemeinde St. Theodor engagiert. Auch die kölschen Gene kamen dabei nicht zu kurz.

Der Kirchenchor St. Theodor führt unsere KiChoThe-Karnevalssitzung seit 1951 mit Künstlern aus den eigenen Reihen und aus dem Viertel durch. Gerne organisiere ich unsere Pfarrsitzung und präsidiere dieser gemeinsam mit meiner Schwester Gabi.

Ebenso präsentieren wir eine kleine Ausgabe unserer Sitzung montags in der Karnevalswoche im Altenclub, dem Seniorencafé unserer Gemeinde. Hier erfahre ich immer wieder, wie dankbar und erfreut unsere älteren Mitbürger darüber sind. Manchmal erfahre ich dies erst später, wenn sie mich zum Beispiel beim Einkaufen ansprechen: *»Et wor widder schön, hatt ihr joot jemaht. Mer hatten widder ne Püngel Freud.«*

Daneben bin ich für den Kirchenchor St. Theodor verantwortlich als Geschäftsführer für unsere Vingster Kirmes, unser Kirchweihfest. Es entsteht dann eine Kirmes auf unserem Marktplatz mit zwanzig Schaustellern, von der Losbude bis zum Autoscooter. Auf der Fahrbahnfläche des Autoscooters wird sonntags die Messe von Pfarrer Franz Meurer zelebriert. Hier trifft sich Jung und Alt aus dem Viertel, auch mit ehemaligen Vingster Bürgern kann man ins Gespräch kommen. Denn alle wissen: Rund um den zweiten Sonntag im Oktober findet jedes Jahr unsere traditionelle Kirmes statt.

Vingst ist unser Viertel. Damit unser Viertel für alle Mitbürger liebens- und lebenswert ist und bleibt, lohnt sich das ehrenamtliche Engagement.

Michael P., *59 Jahre:*

Wenn ich in diesen Tagen – Frühjahr 2021 – auf unser Kölner Erzbistum blicke, dann frage ich mich tatsächlich: Michael, warum engagierst du dich für diesen Verein, warum gibst du deine Zeit und deinen Namen dafür her? Immer denke ich, schlimmer geht's nimmer, und dann schlage ich morgens die Zeitung auf und muss feststellen: Es geht noch schlimmer. Ich schäme mich mittlerweile für meine Kölner Kirche bzw. für die, die sich für die Spitze, die Eminenz des Bistums halten, und ich bin es leid, mit diesen Menschen in einen Topf geworfen zu werden. Eigentlich müsste ich mich nach über 40 Jahren ehrenamtlichen Engagements um einen der raren Termine beim Amtsgericht bemühen. Denn diese feudale Clique, die nur um ihren eigenen Machterhalt kreist, ist nicht mehr meine Kirche, überhaupt nicht mehr Kirche und schon gar nicht die Kirche unseres Herrn Jesus Christus, dem es nicht um Macht, sondern um Liebe ging.

Und dann fahre ich durch unsere Gemeinde, unter der Woche bei der Arbeit, am Sonntag auf dem Weg zum Gottesdienst, und plötzlich merke ich wieder: Das hier ist meine Kirche. Ich treffe Menschen, mit denen ich in der Kirche bete und Gottesdienst feiere, die aber auch mit vereinten Kräften mal eben die Gruppenzelte von HöVi-Land schrubben und trocken einlagern, bevor der nächste Regenschauer kommt. Menschen, die sich an einem heißen und wunderschönen Tag, der zu allem Möglichen einlädt, in unserer Pfarrkirche treffen, um schweißtreibend die komplette Bestuhlung umzubauen, damit wir coronagerecht endlich wieder Gottesdienst feiern können. Ich sehe Menschen, die – weil es einfach brotnotwendig ist – unsere Lebensmittelausgabe trotz Corona irgendwie am Laufen halten. Und ich sehe so viele Menschen, die da und dort und überall dafür sorgen, dass es Menschen, die nicht auf der Sonnenseite leben, ein bisschen besser geht.

Sie alle sind Freundinnen und Freunde von Jesus, wie es Birgit, eine viel zu früh verstorbene Kommunionkatechetin, den Kindern immer erklärt hat, und da ist es völlig egal, ob sie sonntags in die Kirche kommen oder nicht.

Und mir wird sehr klar: Allein kann ich meinen Glauben an meinen Freund und Herrn Jesus Christus nicht leben. Ich brauche die Gemeinschaft mit diesen HöVi-Christinnen und -Christen, wobei es uns in HöVi so was von egal ist, ob der eine katholisch oder die andere evangelisch ist. Wo es passt, beten wir zusammen und feiern Gottesdienst, wo es nottut, da krempeln wir zusammen die Ärmel hoch und packen an.

Wir in HöVi sind nicht perfekt, aber ich glaube, wir sind in der Spur von Jesus Christus. Deshalb ist das meine Kirche und deshalb brauche ich keinen Termin beim Amtsgericht. Jedenfalls noch nicht!

Elisabeth H., *59 Jahre:*
Seit 1992 bin ich in unserer Gemeinde engagiert. Ich bin immer noch auf der Suche nach dem Sinn und Ursprung unseres Lebens und werde dies sicher bis an mein Lebensende sein. Faszinierend finde ich, wie sich mein Glaube in jeder Lebensphase verändert und neue Fragestellungen auftauchen. Dass mein Glaube ein steter Prozess ist, habe ich auch dieser Gemeinde zu verdanken. Ich hatte hier von Beginn an viele Freiheiten, mich als Ehrenamtliche einzubringen, und dies nicht nur mit meinen musikalischen und pädagogischen, sondern auch theologisch-katechetischen Fähigkeiten. Nur wenn jeder und jede ihre Gaben der Gemeinschaft zur Verfügung stellt, wird Gemeinde lebendig, und dies taten bisher hier im Viertel sehr viele Menschen. Weil ich mich getraut habe und mir etwas zugetraut wurde, konnte ich mein Glaubensverständnis weiterentwickeln.

Auf meiner Suche nach Antworten bot mir diese Gemeinde immer wieder Impulse und Fortbildungsveranstaltungen an, die ich an anderen Institutionen machen konnte. Im Seminar »Schriftgespür« der evangelischen Melanchthon-Akademie in Köln bin ich gemeinsam mit Juden, Christen und Muslimen auf »Das Neue Wir« gestoßen (s. www.nieuwwij.nl). Säkularisierung und Individualisierung haben Europa in religiöser Hinsicht verändert. Globalisierung und die damit verbundene Migration haben religiöse und kulturelle Vielfalt entstehen lassen. Aus Sicht dieser Bewegung sind gegenseitige Akzeptanz und Gleichberechtigung mit Beibehaltung und Achtung der Unterschiede unverzichtbare Bestandteile für die Entwicklung neuer nachhaltiger Verbindungen. Es geht darum, Ängste und Vorurteile zu vermindern und Verbindungen zu vertiefen, anstatt Zwiespalt zu fördern.

Eine solche Blickrichtung wünsche ich mir auch für unsere Gemeinde. Es geht nicht mehr um evangelisch oder katholisch. Die Probleme von Hierarchie und Geschlechtergerechtigkeit in unserer Kirche sollten längst überwunden sein, um sich den wahren Problemen zuzuwenden. Alle Menschen guten Willens sollten sich zusammentun und für Frieden, Gerechtigkeit und die Bewahrung der Schöpfung eintreten. Die Sehnsucht nach dem Guten, die Liebe zur Schöpfung und den Geschöpfen ist die gemeinsame Basis aller Religionsgemeinschaften und Menschen guten Willens. Ich wünsche mir, dass dieses neue Wir auch in unserer Gemeinde immer mehr gelebt wird.

5. Pandemie

»Das Evangelium verkündet man nicht im Sitzen, sondern unterwegs«, dieses Wort von Papst Franziskus stimmte natürlich in der Pandemie nicht mehr. Statt mit den Kindern Ausflüge zu machen, hockten wir vor den Bildschirmen. Das Lagerfeuer brannte am Laptop. Alles im Sitzen. Zum Glück habe ich ein Stehpult und kann den Rücken entspannen.

Wie wir jede Woche 900 Briefe verschickt haben, was die Krankenbesuche teilweise ersetzen musste, und wie aus HöVi-Land mit 600 Kindern ein Dorf wurde, schildere ich im Folgenden. Aber auch, warum die Pressefreiheit gerade jetzt so wichtig ist.

Die Sonntagsmesse im ZDF hat in der Pandemie ihre Zuschauerzahl verdoppelt, das Kölner *Domradio* hat Hörerinnen und Hörer wie noch nie. Wenn abends der damalige Kölner Weihbischof Ansgar Puff mit seiner kellertiefen Stimme sprach und betete, beruhigte das viele Menschen gerade in den Seniorenheimen. Oft erzählten sie mir, dass ihnen das auch beim Einschlafen half.

Unser Hungertuch, das wir während der Fastenzeit in der Kirche aufhängen, berührt die Menschen jetzt mehr als in normalen Jahren. Sie sehen in den Leidenswerkzeugen, den *arma christi,* auf dem Tuch die Not der Pandemie. Verborgen wie das Kreuz hinter dem Tuch ist auch die Zukunft: Wann ist eine Herdenimmunität erreicht und wer wird vorher noch sterben?

Gerade in Coronazeiten haben wir unsere Bemühungen um ein sauberes Viertel nicht nur nicht aufgegeben, sondern verstärkt. Nach der »*Broken window*«-Theorie – wo eine Fensterscheibe an einem Haus zu Bruch geht und nicht ersetzt wird, splittern demnächst weitere Scheiben – verwahrlosen die Menschen, wenn ihre

Wohnumgebung verkommt, sozusagen die Fenster zerbrochen sind.

So haben wir den »*World Cleanup Day*« besonders betont. In Köln gibt es auch eine neue Initiative, die das Rheinufer säubert. Andere kümmern sich um Parks. Mein Eindruck ist, dass der Bürgersinn in der Pandemie wächst. Auch scheint der Begriff »Gutmensch« allmählich seinen negativ gemeinten, verächtlichen Klang zu verlieren.

Pressefreiheit

Ich bin so frei und beziehe drei Tageszeitungen. Die linke *taz*, die eher konservative *Frankfurter Allgemeine* und unseren *Kölner Stadt-Anzeiger*. Als Wochenblätter bekomme ich die *Zeit, Christ in der Gegenwart* und die katholische *Tagespost*. Ich fühle mich gut informiert, weil ich die Welt aus verschiedenen Blickwinkeln dargelegt bekomme. Das ist für mich praktische Pressefreiheit.

Oft ist mir nicht bewusst, dass dies etwas Besonderes ist. In vielen Ländern der Welt gibt es das nicht. Journalisten sitzen im Gefängnis, weil sie kritisch berichten wollen; jedes Jahr werden auch Dutzende getötet.

Gerade jetzt in der Pandemie kommt es darauf an, dass verschiedene Meinungen offen auf den Markt kommen. Denn keiner, weder Politik noch Wissenschaftler, weder Ärztinnen noch Besserwisser wissen im Vorhinein, was genau und notwendigerweise zu tun ist. Das entwickelt sich erst im fairen Dialog mit dem Abwägen der Fakten und Argumente.

Die Pressefreiheit wird in unserem Land auch gestützt durch den öffentlich-rechtlichen Rundfunk und das Fernsehen. Darin wird das Programm nicht von der Regierung bestimmt; es gibt die Rundfunkräte, in denen Vertreter verschiedenster gesellschaftlicher Gruppen zusammenarbeiten und zum Beispiel die Intendantinnen und Intendanten der Sender wählen. Ein demokratischer Prozess.

Im Rahmen der öffentlich-rechtlichen Medien haben die Kirchen eigene Sendeplätze. Zum Beispiel für Morgenandachten oder den Fernsehgottesdienst jeden Sonntag, der vielen älteren Menschen die segensreiche Teilnahme am Gottesdienst ermöglicht.

Im Internetzeitalter haben es die traditionellen Zeitungen nicht leicht. Ihre Auflagen gehen zurück und sie bemühen sich um Präsenz im Internet, mehr oder weniger erfolgreich. Besonders gut hat es zum Beispiel *Spiegel Online* geschafft. Auch viele Lokalzeitungen strengen sich an, weil ja die Nachrichten vor Ort nach wie vor viele Menschen interessieren. Gerade ältere Menschen lieben aber immer noch die gedruckte Zeitung morgens beim Kaffeetrinken.

Lange hatte die Kirche Angst vor dem offenen Wort. Es gab den *Index librorum prohibitorum,* die Liste der von der Kirche verbotenen Bücher. So war zum Beispiel Immanuel Kant zu meiner Studienzeit im Priesterseminar im »Giftschrank« verschlossen und wurde nur zu Studienzwecken an zuverlässige Studenten ausgeliehen. Ich habe aus dem Nachlass einer Tante eine Bescheinigung der Bischöflichen Behörde, dass sie ein gefährliches Buch lesen darf, aus wissenschaftlichen Gründen. Zum Glück sind diese Zeiten vorbei. Die Kirche hatte ja auch Demokratie und Gewissensfreiheit verdammt und sich später neu besonnen.

Heute ist klar: Die Pressefreiheit ist ein Garant der Religionsfreiheit!

Hungertuch

Vor Ostern hängt in unserer Kirche ein Tuch vor dem großen Kreuz hinter dem Altar, ein Fastentuch. Drei Meter breit und fünf Meter hoch. Es ist aus einem Fischernetz gefertigt. Die weißen Applikationen zeigen die Leidenswerkzeuge Christi, also Dornenkrone, Schwamm, Nägel, Lanze, Würfel und auch eine Leiter, auf der ein Soldat hinaufstieg, um mit der Lanze in die Seite Jesu zu stechen. Das Kreuz ist also bis Ostern verhüllt.

Durch diese Verhüllung ist das Kreuz präsenter als sonst. Unsere Wahrnehmung ist geschärfter, wenn wir es nicht sehen.

Diese Tradition gibt es seit tausend Jahren. Das Tuch wird auch Hungertuch genannt, es hängt ja in der Zeit des Fastens vor Ostern.

Warum macht es Sinn, Verzicht zu üben in der Fastenzeit? Das Hungertuch gibt einen guten Hinweis. Es ist gut, Gewohntes zu unterbrechen. Es ist gut, den Blick durch Veränderung zu schärfen.

In der evangelischen Kirche gibt es seit einigen Jahren die Aktion »Sieben Wochen ohne«. Dies meint nicht nur den Verzicht auf Alkohol, Süßigkeiten oder Rauchen in der Fastenzeit. Es gibt jedes Jahr ein neues Thema, zum Beispiel »Sieben Wochen ohne Lügen«. Also die Aufforderung, es mit der Wahrheit zu versuchen. Gar nicht so einfach! Soll ich auf Notlügen verzichten? Ist ein bisschen Flunkern noch erlaubt? Geht es überhaupt, immer die Wahrheit zu sagen?

Ich denke nein. Ein Beispiel von mir. Eine meiner Schwestern hatte ein Kind geboren. Ich dachte: Ein solch hässliches Baby habe ich noch nie gesehen! Natürlich habe ich das nicht gesagt, sondern fand die Kleine wie die anderen einfach süß! Was ja auch stimmt, denn schon bald sah das Baby proper aus!

Verhüllung meint Betonung, Verzichten bedeutet, den Wert zu erkennen. Was für das Hungertuch und das Fasten gilt, entfaltet sich auch in Zeit und Raum. Wenn ein Raum leer ist, wird seine Ausdehnung und Anmutung spürbar.

In den Kirchen stehen Bänke oder Stühle, Reihe an Reihe. Wird das Mobiliar weggeräumt, wie vor einiger Zeit im Kölner Dom, füllt er sich in anderer Weise. Im Dom wurden die Weite und die Höhe der Kathedrale neu erfahren.

Was die Leere für den Raum ist, ist die Stille für die Zeit. Der Benediktinermönch Anselm Grün schreibt: »Auf dem Grund unserer Seele finden wir Gott in der Stille.«

World Cleanup Day

Am 19. September jeden Jahres gibt es in inzwischen 180 Ländern den *World Cleanup Day*, auf Deutsch: weltweiter Saubermachtag. Hier geht es nicht um den Osterhausputz, wie es früher hieß, sondern darum, die Umwelt zu reinigen, also Parks, Flussufer, Wälder und Meeresstrände.

Bei uns in Köln-HöVi machen wir das seit vier Jahrzehnten. Es heißt hier Saubermannstag, ein altmodisches Wort, aber Sauberfrautag wäre ja auch irgendwie blöd. Traditionen soll man ja nicht beenden, der Engländer sagt: *Never change a winning team!* Beende nicht, was gut läuft!

Nun kann man ja sagen: Ist das nicht die Aufgabe der Stadt oder der bürgerlichen Gemeinde, den öffentlichen Raum sauber zu halten?! Klar, das stimmt, aber die Kommune schafft es eben nicht allein. Vor allem in Gebüschen oder auch am Rheinufer sammelt sich Müll, der von der Stadt nicht bewältigt werden kann. Also packen Bürgerinnen und Bürger an. Nach dem Motto: Wir wollen es schön haben und arbeiten mit.

Vor fünfzehn Jahren haben wir außerdem ein *»Upgrade«* gestartet, wie es heutzutage heißt, eine Aufwertung. Wir haben in unserem Stadtteil über dreißig Behälter mit Hundekottüten aufgehängt. Ehrenamtliche bestücken sie regelmäßig. Wenn Menschen dennoch die Tüten nicht verwenden, erlaube ich mir den Hinweis: »Ich denke, Ihr Hund kann noch nicht lesen, daher darf ich Sie auf unsere Hundekottüten aufmerksam machen.« Bisher kam das zum Glück immer gut an.

Inzwischen haben auch die Abfallwirtschaftsbetriebe der Stadt Köln begonnen, in die Müllbehälter an den Straßen Hundekottütenspender zu integrieren. Wie schon vorher Behältnisse für Zigarettenkippen. Eine sehr gute Entwicklung, denn ein kleines Kind kann schon sterben, wenn es in einem unbeobachteten Moment auf dem Spielplatz zwei Zigarettenkippen isst! Unser Traum ist, dass unsere Behälter überflüssig werden, wenn alle Müllbehälter mit Hundekottütenspendern versehen sind.

Aus Berlin wird ein Problem berichtet. Dort stellen immer mehr Leute Sachen an die Straße, die sie nicht mehr benötigen. Zum Verschenken. Sie nennen das auf Neuenglisch *»Litter-Life-Balance«,* also »Abfall-Lebens-Gleichgewicht«, eine moderne Form des Kommunitarismus, des Teilens im öffentlichen Raum. Der Sprecher der

Berliner Straßenreinigung sagt: »Aber es bleibt eine Ordnungswidrigkeit: illegale Ablagerung im öffentlichen Straßenland«. Gut gemeint ist also nicht immer gut gemacht. Bei uns handeln wir nach dem Wort: »Denn wir essen Brot, aber wir leben vom Glanz.« Also halten wir unser Stadtviertel sauber.

Beziehungskisten

Im Frühjahr 2021 wurde ein neuer Präses der Evangelischen Kirche im Rheinland gewählt. Thorsten Latzel, der frisch gekürte, wurde im Interview sogleich gefragt, ob denn die Kirchen in der Pandemie versagt hätten. Er verneinte es klar mit zwei Argumenten. Zum einen sei die durchgehende seelsorgerliche Präsenz in Kliniken und Pflegeheimen nichts für das Schaufenster, zum andern sei er stolz darauf, dass es nach der Wiedereröffnung der Kirchen nirgendwo dadurch zu Coronahotspots gekommen sei. In seiner Bewerbungsrede vor seiner Wahl hatte er betont, dass die Kirche »konsequent von den Menschen her denken« solle.

Das gefällt mir natürlich, weil es einen klaren Ansatz wie den bei uns hervorhebt. Zusätzlich gilt es, von Gott her zu denken. Auch das ist dem neuen Präses wie uns in HöVi wichtig. Thorsten Latzel ist im CVJM, im Christlichen Verein Junger Menschen geprägt worden und hat dort die Bibelfrömmigkeit kennengelernt. So hat er einen Zugang nicht nur zum liberalen und politischen Zweig des Protestantismus in der Evangelischen Kirche im Rheinland, sondern auch zum eher evangelikal geprägten.

Für die Ökumene ist das eine gute Nachricht; denn in der katholischen Kirche gibt es ähnliche Richtungen ja auch. Im Interview mit dem *Kölner Stadt-Anzeiger* überrascht Latzel mit dem Begriff einer weltoffenen Mitgliederkirche: »In der Volkskirche gehörte man selbstverständlich dazu und trat niemals aus. Das ist heute offensichtlich nicht mehr der Fall. Menschen fragen danach, was Kirchenmitgliedschaft für sie bedeutet. Aus Sicht der Institution heißt das: Wir wollen die Beziehung pflegen zu jedem Mitglied, ohne dass es auf Kosten unserer Ausrichtung auf gesellschaftliche Themen wie Frieden, Gerechtigkeit, Bewahrung der Schöpfung geht. Deswegen weltoffene Mitgliederkirche« (16.3.2021, S. 22). Auch diese Position lässt für die Ökumene hoffen! Zudem gefällt mir sehr sein Bekenntnis zur Aufarbeitung sexueller Gewalt in der Kirche.

Beziehungen aufnehmen, dieses Ziel des Präses war auch die Absicht unseres Sinnsucher-Podcasts zu Beginn der Pandemie mit 37 Folgen zu ca. 30 Minuten, täglich vom 22. März bis 27. April 2020.

Die Idee dazu hatte der Journalist Jürgen Wiebicke. Er moderiert jeden Montag eine Stunde lang das »Philosophische Radio« in *WDR 5* um 20 Uhr. Der »Ermöglicher« des Podcasts innerhalb einer Woche nach dem ersten Lockdown am 15. März war Klaus Nelißen, stellvertretender Leiter des Katholischen Rundfunkreferates in NRW. Er baute den Besprechungsraum im Pfarrhaus zum Studio um, mit Steppdecken und Plumeaus, sorgte für professionelle Podcast-Technik und kannte vor allem die wunderbare junge Frau, die alle Aufnahmen machte. Zum Glück bekam ich schnell heraus, dass sie gerne Erdbeeren isst, und konnte ihr jeden Tag eine Schale hinstellen, weil die Erdbeersaison ja gerade begann.

Der *Kölner Stadt-Anzeiger* nahm den Podcast in sein Internet-Programm. Heute ist er noch auf dem *YouTube*-Kanal Sinnsucher-Podcast und auf *Facebook* sowie bei *Apple Podcasts* zu hören (ein Link ist am Ende des Buchs zu finden). Zusammen mit einem anderen Podcast in der Pandemie gewann der *Kölner Stadt-Anzeiger* damit eine Auszeichnung beim *»European Newspaper Award«*.

Jede Ausgabe des Podcasts begann Jürgen Wiebicke mit dieser Begrüßung: »Hier melden sich die Sinnsucher ›Allein zu Haus‹. Wie gut, dass Sie dabei sind. Denn jetzt geht's ja darum, Verbindungen zu knüpfen auf neuen Wegen, weil die alten Wege gerade nicht funktionieren.«

Ein paar von unseren 37 Themen:
- Episode 1: Ängste und Solidarität: Wir müssen sortieren, was Solidarität überhaupt ist. Dann werden wir im Kopf ein bisschen klarer.

- Episode 2: Warum die Angst zum Menschen gehört: Welche Formen des Umgangs mit der Angst gibt es? Und Pfarrer Meurer erklärt, welcher Angst-Typ er ist.

- Episode 4: Richtig handeln in einer orientierungslosen Zeit: Über den Tod von Albert Uderzo, der Asterix, Obelix und Idefix gezeichnet hat, und warum es böse Viren gibt.

- Episode 11: Mit und ohne Religion das Richtige tun: Warum die Freiheit ein so hohes Gut ist und wir alle säkular sind. Und warum wir mit und ohne Religion das Richtige tun können.

- Episode 12: Sind wir unfrei in Coronazeiten? Es geht um die Freiheit. Was Freiheit ist, wissen die Unfreien am besten. Wie frei oder unfrei ist unser Leben in CoronazZeiten?

- Episode 14: Reicht der Applaus vom Balkon oder muss eine neue Revolution her? »Proletarier aller Länder, vereinigt euch!« Gilt dieser Ruf heute den Pflegekräften? Es beginnt ein Nachdenken über den Kapitalismus – doch die beiden Podcaster werden damit so schnell nicht fertig.

- Episode 17: Schüler-Post an die Sinnsucher: Die beiden Macher sind gerührt. Denn ihr Podcast ist zum Unterrichtsgegenstand geworden. 25 Schülerinnen und Schüler aus dem Sauerland haben an Pfarrer Meurer und Moderator Wiebicke geschrieben.

- Episode 21: Karsamstags-Stimmung: (Noch) verzweifelt oder (schon) hoffnungsvoll? Die beiden gehen der Karsamstags-Stimmung nach. Wie kann man Sinnlosigkeit aushalten?

- Episode 22: Wie kommt das Neue in die Welt? Ein Gespräch am offenen Fenster. Pfarrer Franz Meurer sinniert am Ostersonntag über die Auferstehung, und Jürgen Wiebicke versteht nur Bahnhof.

- Episode 24: Der Unterschied zwischen Trost und Vertröstung: Eine Diskussion über die Notwendigkeit von Trost im Leben. Und es geht um die Frage, ob die Hoffnung auf das Jenseits dabei eine Hilfe ist.

- Episode 29: Intellektuell und gläubig – geht das? Das ist die Frage eines Podcast-Hörers. Die beiden »Sinnsucher« sind sich dabei nicht in allem einig. Konsens herrscht jedoch in einem Punkt: Wir wissen immer mehr darüber, was wir nicht wissen.

- Episode 30: Pfarrer und Philosoph sprechen über Sex: Was passiert nach dem Orgasmus? In dieser Episode geht es um das Eine.
- Episode 31: Halt mal das Denken an! Wir können ohne Probleme die Luft anhalten, zumindest für eine Weile. Aber mit dem Denken ist das schwieriger, immer gehen uns irgendwelche Dinge durch den Kopf – manchmal auch sehr seltsame.
- Episode 33: Urne oder Sarg? Übers Sterben: Pfarrer Meurer möchte eines Tages in der Urne bestattet werden, Jürgen Wiebicke will nach seinem Tod lieber im Sarg zu liegen kommen. Können sich die beiden Sinnsucher vorstellen, noch heute zu sterben? Und hätten sie den Tod damit auch nur ein bisschen verstanden?

Warum war nach 37 Folgen Schluss? Hätten es nicht besser vierzig sein sollen, der Quarantäne entsprechend, wie vierzig auf Französisch heißt? Aber die 37 ist eine Primzahl, die eben nicht teilbar ist, sie steht für sich. Wie der Podcast.

In der vorletzten Episode haben wir zwei Bücher von Jürgen Wiebicke besprochen. Ich finde beide spannend und von Interesse, weit über die Pandemie hinaus. Für den Fall, dass Ihnen Lesen eher zusagt, als die Episode anzuhören, zwei Blicke auf die Bücher:

Zusammenhalt

Sommerwetter: Zeit zum Wandern und für Schützenfeste.

Jürgen Wiebicke ist einen Monat lang gewandert. Von Köln an den Niederrhein und nach Münster. Der Autor ist vor allem bekannt als Moderator im Radio. Auf seiner Wanderung macht Wiebicke, was er auch jeden Montag macht auf *WDR 5,* von 20:05 bis 21 Uhr in seiner Sendung »Das Philosophische Radio«: Er versucht herauszufinden, was die Menschen zusammenbringt, was Gemeinschaft und Solidarität befördert. *Zu Fuß durch ein nervöses Land. Auf der Suche nach dem, was uns zusammenhält* heißt sein Buch über die Wanderung (Kiepenheuer & Witsch, 2016). Bald schon kommt er in Dormagen an. Hier erfährt er, dass das Schützenfest das soziale Klima in der Stadt um zwei Grad erwärme. Fast schon Klimawandel in der Provinz.

Es geht Jürgen Wiebicke nicht um Selbsterfahrung, nicht um Körperertüchtigung oder mentales Training. Durch die Entschleunigung des Fußgängers schärft sich seine Wahrnehmung. Er bekommt mit und teilt mit, was die Menschen zusammenführt und zusammenhält. Und dazu gehört auch das Schützenfest. Wer das nur vom Treiben im Bierzelt her betrachtet, mag das belächeln. Aber der Zusammenhalt in so einem Verein ist enorm wichtig für den Zusammenhalt im Großen.

Besonders spannend finde ich Wiebickes Besuch bei einem mittelständischen Familienunternehmer. Die Firma ist Zulieferer für die Autoindustrie. Wiebicke erfährt, wie schwer es ist, das Unternehmen zu halten, weil der Preisdruck immens ist. Durch die Finanzkrise kam die Firma nur, weil alle zusammenhielten, Arbeitnehmer und Arbeitgeber. Der Unternehmer imponiert mir sehr. Es geht ihm offensichtlich nicht um persönliche Gewinnmaximierung, sondern um das Wohl der vielen Familien, die von der Arbeit in der Firma leben. Rheinischer Kapitalismus in seiner besten Art. Jürgen Wiebicke trifft Bauern, Millionäre, Sporttreibende, Yoga-Begeisterte oder den Leiter eines Flüchtlingsheims. Allen ist gemeinsam, dass sie sich für das Gemeinsame interessieren und engagieren. Natürlich mehr oder weniger, aber immerhin.

Es ist also ein durch und durch positiv gestimmtes Buch. Obwohl es – eben zu Fuß – langsam vorangeht, ist es spannend zu lesen, weil wir Leserinnen und Leser ja mitlaufen und hinter jeder Kreuzung neue Menschen erleben. Das Buch eignet sich also auch fürs langsame Lesen nach und nach, etwa auf der Toilette. Ich habe es allerdings nachts in einem Zug durchgelesen, weil ich ungeduldig war und wissen wollte, wie es weitergeht. Wiebicke ist Agnostiker, glaubt also nicht an die Existenz Gottes. Als er im Marienwallfahrtsort Kevelaer eine Prozession begleitet, kommen ihm die Tränen. Er spürt den Zusammenhalt der Pilger und schämt sich nicht für seine Emotion. Das ist für mich die geistige Unabhängigkeit eines Philosophen.

Hoffentlich wandert er noch einmal!

Demokratieregeln

Dass er messerscharf beobachten kann, das beweist Wiebicke auch in seinem Buch *Zehn Regeln für Demokratie-Retter* (KiWi-Taschenbuch, 2027), so der Titel. Der Verlag bewirbt es als »Buch gegen die politische Ratlosigkeit«.

Denn Wiebicke wird hier ganz praktisch. Er sieht die liberale Demokratie gefährdet. Viele schauen nur zu und engagieren sich nirgends. Andere sind in der »Fatalismus-Falle« gefangen und denken, die Welt sei eh nicht zu verändern. Wieder andere fühlen sich als Rädchen im Getriebe, im Hamsterrad, ohne dafür Anerkennung zu finden. Fehlende Selbstwirksamkeit nennt Wiebicke dieses Gefühl, keine Resonanz zu finden. Er konstatiert »rasende Beschleunigung und fehlende Zeit zum Nachdenken«.

Sein Appell: »Also weg mit der Idee vom großen Wurf! Die Dinge einfach denken.« Für Wiebicke ist Demokratie nicht eine Regierungsart, sondern eine Lebensform. Zehn knackige Regeln bietet das Büchlein, auf einer Pappkarte in Postkartengröße noch einmal eingelegt.

Die erste Regel ist die kürzeste: »Liebe Deine Stadt!« Ein gutes Leben braucht Flügel und Wurzeln. Die Wurzeln sind in deiner Stadt, zu Hause. Wiebicke geht es nicht nur um Gemeinschaft, in der Stadt ist auch der Ort, wo die Demokratie den Dissens organisiert. Ein gleichgültiges Nebeneinander fördert Parallelgesellschaften.

»Mache Dir die Welt zum Dorf« ist eine andere Regel. Die kleinen sozialen Einheiten, die Wohnviertel, die *Veedel,* sind die geeigneten Orte der Erfahrung von Selbstwirksamkeit.

Jürgen Wiebicke vermittelt Demokratiegefühl. Mich hat das so berührt, dass ich das Büchlein schon über 200 Mal verschenkt habe. Zum Glück ist es ja wirklich günstig. Es kostet nur 5 Euro und war *Spiegel*-Bestseller.

Quarantäne

Unser Podcast hat die vierzigste Ausgabe nicht erreicht. Dennoch lohnt sich ein näherer Blick auf die Herkunft des Wortes aus der Zeit der Pest: Quarantäne.

Dieses Wort kennt wohl inzwischen jede und jeder. Viele haben auch schon mitbekommen, dass es von der Zahl vierzig herkommt, *quaranta* im Italienischen, *quarante* im Französischen. Es geht dabei ursprünglich um die Isolation von Menschen über vierzig Tage in Zeiten der Pest. Die Menschen wussten zwar früher nicht, wie die Pest übertragen wird, hatten aber die Erfahrung gemacht, dass es von Vorteil ist, Abstand zu halten, um nicht angesteckt zu werden. Also dachten sie, dass vierzig Tage Abstand von Pestkranken eine gute Zeit sei.

Zum ersten Mal soll es eine Quarantäne in Ragusa, heute Dubrovnik, im Jahr 1377 gegeben haben. Segelschiffe, die aus Asien kamen, sollten damals dreißig Tage vor einer Insel ankern, bis sie in den Hafen einlaufen durften. Vorsicht durch Abstand, so wie heute!

Warum wurde dann in Venedig und anderen italienischen Städten die Zahl vierzig für die Abstandsdauer gewählt? Wohl wegen der Bibel. Vierzig ist in der Bibel die Zahl des Wartens. Die Sintflut dauert vierzig Tage. Dann sank das Wasser und die Arche Noah setzte auf sicherem Land auf. Vierzig Jahre lang wanderte das Volk Israel durch die Wüste, bis es das Gelobte Land erreichte. Mose blieb vierzig Tage auf dem Berg Sinai, bis er die Zehn Gebote von Gott erhielt. Jona sollte die Stadt Ninive warnen und gab der Stadt eine Frist von vierzig Tagen. Der Prophet Elija wanderte vierzig Tage und Nächte zum Berg Horeb. Schließlich Jesus selbst: Er lebt vierzig Tage lang in der Wüste. Der Teufel bedrängt ihn dort und verspricht Jesus die

Reiche der Erde, wenn er ihm, dem Teufel, dient, und einiges mehr. Doch Jesus bleibt seinem Vatergott treu.

Wie wichtig Abstand war und ist, zeigen die Menschen mit Aussatz, denen Jesus hilft. Sie müssen auf Distanz bleiben und dürfen nur aus der Ferne rufen, um Jesus auf sich aufmerksam zu machen. Als Jesus einen heilt, schickt er ihn danach sozusagen zum Coronatest: Er soll sich den Priestern zeigen, um bestätigen zu lassen, dass er gesund ist. Damals gab es noch keine Krankenhäuser und die Priester erledigten diese Aufgabe. Als Jesus einmal zehn Menschen von Lepra, wie der Aussatz heute heißt, auf einmal heilt, kommt nur einer zurück, um sich zu bedanken: ein Samaritaner, also damals ein Ausländer. Jesus sagt zu ihm: »Dein Glaube hat dir geholfen!«

Für mich ist das eine Aufforderung, dankbar zu sein. Den Ärztinnen und Ärzten, den Krankenschwestern und Pflegern. Denn sie machen ja das, was Jesus getan hat: sich um die Kranken kümmern. Wenn heute die Quarantäne nicht vierzig Tage dauert, sondern nur zwei Wochen, wissen wir: Dank der Menschen in der wissenschaftlichen Medizin und deren Einrichtungen angewandter Praxis hat sich viel getan.

Reinhold H., *62 Jahre:*

Die Coronapandemie hat das Leben der HöVi-Gemeinde, die insbesondere auf ein Miteinander setzt, sehr schwer getroffen. Aufgrund des Shutdowns wurde von Pfarrgemeinderat und Kirchenvorstand die Maxime beschlossen, möglichst hohe Sicherheit für die Menschen zu garantieren. Hierdurch kam das so vielseitige Gemeindeleben aus meiner Sicht weitgehend zum Erliegen. Außer der »Wegzehrung« anstelle der Sonntagsmesse schien alles abgesagt. Ich sorgte mich darum, dass sich die Menschen bei diesem Gemeinde-Shutdown mit zunehmender Dauer andernorts orientieren oder gar sich vom Gemeindeleben generell verabschieden. Wir erlebten, dass der Leib Christi »gefährlich«, nämlich ansteckend ist. Händedesinfektion und Hygienehandschuhe sollten diese Gefahr mindern. Nach meiner Einschätzung wurde zu viel Wert auf die Lebensquantität und zu wenig auf die Lebensqualität gelegt.

Das Passah-Mahl, welches die Gemeinde seit Jahrzehnten am Gründonnerstag mit 100 Menschen begeht, musste natürlich abgesagt werden. Kurzentschlossen boten wir dieses online über eine Internet-Plattform an. Weil diese Form positiv bei den 20 Teilnehmenden ankam, wurde es 2021 wiederholt.

Der Arbeitskreis der Zweitkirche St. Elisabeth lud als Ersatz für die abgesagten Messen wiederholt zum coronatauglichen Wortgottesdienst mit Bibellesung und vorgetragenen Gesängen ein. Das Schlusslied wurde mit allen mit Abstand draußen vor der Kirche gesungen. Diese beiden Beispiele zeigen, dass während der Pandemiezeit neue kreative Ideen für die Gemeindeversammlung gefunden wurden.

6. Familienrallye

In der Pandemie ist unsere ökumenische Familienwerkstatt noch mehr als Gold wert. In normalen Zeiten bietet sie, ehrenamtlich organisiert, mehr als 100 Aktivitäten für Familien. Von der wöchentlichen Krabbelgruppe über Ausflüge bis zu Väter-Kinder-Kochen. Die evangelische Jugendleiterin und der katholische Pastoralreferent machen hier auch mit.

Im Lockdown hieß es, neue Ideen zur Unterstützung der Familien zu finden. Zum Beispiel die Familienrallye. Sonntags von 14 bis 17 Uhr.

Die Familien, die sich angemeldet haben, bekommen übers Internet eine App auf ihr Handy. Darin stehen acht Stationen im Stadtviertel, die es nun aufzusuchen gilt. Dort warten acht Aufgaben. Etwa die Familienfragen: Was war dein schönstes Geburtstagsgeschenk? Oder: Was magst du gar nicht? Vielleicht wundern sich dabei manche Eltern, was die Kinder so sagen.

Weiter geht es zur Post, die am Sonntag ja geschlossen ist. Davor hängen Umschläge mit Postkarten und Geld, um Briefmarken am Automaten zu ziehen. Hier gilt es, Karten an Menschen zu schicken, zu denen schon lange kein Kontakt mehr bestand.

Die nächste Station ist in der Merheimer Heide, einer großen Wiese mit etwas Wald darum. Hier gestalten die Kinder ein Bild aus Materialien der Natur, die sie dort finden. Ein Foto schicken sie an die Rallye-Leitung.

Eltern gegen Kinder, darum geht es nun auf einem Spielplatz mit Basketballkörben. Wer trifft besser?

Die nächste Station fordert nicht die Muskeln, sondern den Kopf. In der Kirche St. Elisabeth liegen mehrere dicke Bücher mit je

860 Seiten über die Geschichte des Stadtteils Höhenberg aus. Hierin sollen die Kinder herausfinden, welche Spiele Kinder früher gespielt haben. Keine einfache Aufgabe, aber Kinder sind ja schlau!

Jetzt ist etwas Erholung angesagt. Vor der evangelischen Erlöserkirche gibt es heißen Tee und Kakao. Und danach ein Merkspiel. In einem Glas sind Plastiktiere. Eine Minute anschauen, und dann die Frage: An welche Tiere könnt ihr euch erinnern? Dabei sind Kinder immer besser als wir Erwachsenen.

Es geht dem Ende zu. Vor der katholischen Kirche St. Theodor ist ein Platz mit einer glatten Betonfläche. Ideal, um darauf mit Straßenkreide das schönste Erlebnis in Coronazeiten aufzumalen.

Vielleicht sagen Sie jetzt: Da würde ich auch gerne mitmachen. Vorschlag: Dann organisieren Sie doch Ähnliches vor Ort! Nicht vergessen: Alle Familien bekommen danach eine Urkunde zugeschickt, Kinder lieben das.

Drei weitere Beispiele von Aktivitäten für Kinder aus unserer Familienwerkstatt:

Viermal in der Woche gibt es die Lernfüchse. Hier treffen sich ehrenamtliche Jugendliche und Erwachsene mit Kindern, die in der Schule nicht so gut mitkommen und deren Eltern ihnen auch nicht so gut helfen können. In den vier Gruppen geschieht also Nachhilfe unter Coronabedingungen.

Karneval ist in Köln und im Rheinland die fünfte Jahreszeit. Bei uns gibt es normalerweise gleich zwei Karnevalszüge im Veedel, einen in Vingst und einen in Höhenberg. Im Coronajahr natürlich nicht. Was tun?

Die Familien holen sich im evangelischen Jugendbüro »Evaplast« ab, eine Art Ton, mit dem man Figuren herstellen kann. So ähnlich wie Knetgummi, aber besser für größere Dinge. Daraus entsteht ein Mini-Karnevalszug, der dann vor der evangelischen Erlöserkirche aufgebaut wird. Dort stand in der Weihnachtszeit auch schon eine Krippe aus Tonfiguren. Die Wiese an der Kirche ist durch einen Zaun gut geschützt. Abends wird der Karnevalszug sogar beleuchtet. Dabei ist alles wie im richtigen Karneval: Prunkwagen, Fußgruppen, Pferde, das Dreigestirn. Auch die Müllautos am Ende werden nicht vergessen.

»Mama, Papa, mir ist langweilig«, das hören Mütter oder Väter öfter im Lockdown. Also hat unsere ökumenische Familienwerkstatt die »Familienzeit-Tüten« erfunden. In den Tragetaschen ist jeweils Bastelmaterial für die Familien. In der »Knopftüte« sind natürlich Knöpfe mit der Anleitung, wie man daraus Schlüsselanhänger herstellen kann. Oder damit kleine Schachteln verziert. Von einer Auflösung eines Kurzwarengeschäftes bekamen wir Tausende Knöpfe, die jetzt zum Einsatz kommen. In der Tüte »Schönes aus Pappe« sind bunte Pappkartons. Daraus lassen sich etwa Fensterblumen gestalten. In der Tüte mit Wolle und Garn finden sich Anleitungen für Freundschaftsbänder oder Wollpompons. »Kreatives mit Stock« schlägt vor, einen Kalender an einem Holzstiel zu basteln. Darauf muss man erst mal kommen! Kinder finden so etwas spannend. Ebenso die »Monstertüte«, mit ihr geht es darum, Lesezeichen mit Monstern zu bemalen und Monster aus Papier zu falten.

Jetzt ist es nicht mehr langweilig. Vielleicht regen Sie die Beispiele ja an, etwas nachzumachen oder eine ähnliche Tüten-Aktion zu starten. Ich wünsche Ihnen, dass es Ihnen nicht langweilig wird!

Ulrike G., *46 Jahre:*

»Zeige draußen, was du drinnen glaubst!« Bei diesem Zitat geht es für mich nicht nur um den Glauben an Gott und Jesus Christus, sondern vor allem und im Besonderen um das, was unsere Gemeinde HöVi ausmacht: Zugehörigkeit, Gemeinschaft, Solidarität und Herzlichkeit. Etliche von uns engagieren sich in den verschiedensten Bereichen und Gruppierungen unserer Gemeinde, als Messdiener, Pfadfinder, in der KJG, als Lektoren, Kommunionhelfer, im Pfarrgemeinderat, Kirchenvorstand etc. Warum ich mich in der Gemeinde engagiere, hat eigentlich einen recht simplen und bescheidenen Grund. Hier haben nicht nur meine Kinder ein Zuhause, Gemeinschaft und Freunde gefunden, sondern auch mein Mann – ein bekennender Atheist – und ich. Unsere Kinder haben durch ihr Engagement als Messdiener und HöVi-Land-Gruppenleiter Werte wie Hilfsbereitschaft, Gerechtigkeit und Toleranz schätzen gelernt. Ich bin dankbar, in dieser Gemeinde beheimatet zu sein. Denn hier ist es »egal«, welche Religion du hast, ob du arm oder reich bist, groß oder klein, dick oder dünn, ob du gleichgeschlechtlich oder hetero liebst. Hier wirst du so angenommen, wie du bist.

7. Krankenbesuch

Viele haben es genauso erlebt: Ich wollte einen Kranken in der Klinik besuchen, und es ging nicht im *Lockdown*. Ich möchte einige Ideen schildern, was man dann machen kann. Auch für den Kontakt mit Menschen in den Seniorenheimen.

Da ich längere Zeit Menschen im Altenheim nicht besuchen wollte, um jede Gefährdung zu vermeiden, habe ich ihnen Päckchen mit Obst oder Plätzchen und Lesefutter geschickt. Je nach ihren Vorlieben. Ein alter Herr möchte zum Beispiel nur Äpfel der Sorte Pink Lady, eine Dame von über 90 Jahren will auf keinen Fall Bananen, gerne aber Trauben. Natürlich ist es ökologisch bedenklich, dass die in der Winterjahreszeit aus Südafrika kommen, aber fast alles Gute hat ja auch eine schlechte Seite. Telefonisch stimme ich jeweils ab, was erwünscht ist. So sprechen wir auch miteinander, ohne uns zu sehen.

In der Familie ist es natürlich schön, wenn es klappt zu skypen, also einander live per Internet zu sehen.

Einen alten Herrn von fast hundert Jahren habe ich ab und zu zum Grab seiner verstorbenen Frau gefahren. Als das wegen Corona nicht mehr ging, habe ich eine Christrose auf das Urnengrab gestellt und eine Dauerkerze dort entzündet. Das Foto davon in DIN A4 hat er im Seniorenheim aufgehängt. Am besten gefiel ihm, dass das Grab dick mit welken Blättern bedeckt war, dem Symbol der Vergänglichkeit.

Bei allem ist das Wichtigste die Frage: Was mag dem Menschen im Krankenhaus oder im Seniorenheim gefallen? Ist es ein spezieller Kuchen, eine schöne Blume, die Wochenzeitung, die sie oder er zu Hause immer gelesen hat? Ein gemaltes Bild der Enkelkinder oder ein Brief von ihnen kommt ausnahmslos gut an.

Für das Gespräch miteinander gibt es eine einfache Regel, nämlich vom Alltag des Lebens erzählen. Also nicht von den eigenen Krankheiten. Und den Menschen im Krankenhaus oder im Seniorenheim erzählen lassen, was er möchte. Und zuhören, zuhören – dabei vor allem Pausen zulassen. Also einfach da sein. Oft ist es auch gut, langsam zu sprechen. Der Königsweg ist, etwas Fröhliches zu berichten; am allerbesten ist es, wenn man gemeinsam lachen oder zumindest schmunzeln kann.

Einige haben mir erzählt, dass sie einen kleinen Film per Handy aufgenommen haben, den dann die Person, die einen Besuch im Krankenhaus machen durfte, Oma oder Opa vorgespielt hat. Eine wunderbare Idee! Vielleicht kommen Sie ja auf noch bessere. Dann lassen Sie es mich bitte wissen!

Im Hospiz

In der Pandemie wurden die Hospize immer wichtiger. Da Besuche bei schwer erkrankten Menschen nur sehr eingeschränkt möglich waren, war es für die Angehörigen wunderbar zu wissen, dass der Sterbende oder die Sterbende in einem Hospiz gut umsorgt war. Einzelne Besuche mit eingeschränktem Zeitraum waren dann immer noch möglich.

So war ich, neben anderen Hospizen, auch im Mildred-Scheel-Haus, dem Hospiz in der Uni-Klinik in Köln. Bei strahlendem Sonnenschein konnten die Sterbende und ich draußen im Garten sitzen. Vor drei Jahren lebte sie noch in einem Zelt zusammen mit ihrem inzwischen plötzlich verstorbenen Partner in einem Wäldchen bei uns in HöVi. Als es im Winter minus 12 Grad waren, gelang es, unsere Tageszeitung für einen Bericht zu gewinnen. Daraufhin wurden von guten Menschen Wohnungen angeboten. In eine zog das Paar dann ein. Sterbenskrank fand sie nun einen Platz im wunderbaren Hospiz.

Ich erzähle das so ausführlich, weil es dies nur in wenigen Ländern der Welt gibt. Dass es nämlich nicht vom Geld abhängt, ob kranke Menschen gut umsorgt werden. Auf diese Errungenschaft unseres Sozialstaates sollten wir stolz sein.

Den jungen Menschen erkläre ich unser System der Sorge für Erkrankte gerne so: Du zahlst viel Geld ein in die Krankenversicherung, bekommst aber nie etwas zurück. Was ist das denn?! Das Beste, was dir passieren kann! Dann bist du gesund! Versichert war und ist dein Risiko!

Im Mildred-Scheel-Haus habe ich etwas kennengelernt, was ich noch nicht kannte, obwohl ich ja oft in Krankenhäusern bin zu Besuchen und zur Krankensalbung. Vor dem Bett lag eine dicke Matte. Ich fragte eine Krankenschwester, ob dies wohl eine Art Bettvorleger sei, damit die Kranken keine kalten Füße bekommen, wenn sie aus dem Bett steigen. Weit gefehlt! Es war eine Kontaktmatte. Wenn die kranke Dame aus dem Bett stieg und auf die Matte trat, gab es in der Zentrale der Schwestern und Pfleger auf der Station ein Signal! Also viel besser, als unruhige Patienten im Bett zu fixieren, wie es früher wohl manchmal sein musste aus Gründen der Sicherheit. Jetzt gibt es die Matten!

Ein kurzer Blick darauf, wie die Hospize entstanden sind:

»Nicht dem Leben mehr Tage, aber den Tagen mehr Leben geben«, lautet der berühmte Grundsatz von Cicely Saunders, der Gründerin des ersten Hospizes in England. Vor 50 Jahren gründete sie das St.-Christopher's-Hospiz, um Menschen würdevoll und ohne Schmerzen beim Sterben zu begleiten.

In den 80er-Jahren gab es dann erste Hospize auch in Deutschland. 1990 finanzierte das Bundesministerium für Gesundheit zwölf stationäre Palliativstationen in Deutschland, darunter das Hospiz in Lohmar-Deesem, das ich damals zur Eröffnung segnen durfte. »Palliativ« ist lateinisch und meint schmerzlindernd. Dann ging es flott weiter. 1994 wurde die Deutsche Gesellschaft für Palliativmedizin gegründet, ein Jahr darauf die Deutsche Hospizstiftung. Die Palliativmedizin rückt 2005 ins Krankenhaus-Abrechnungssystem, seit 2008 finanziert die Krankenkasse auch die ambulante Palliativversorgung. Alles in allem eine wunderbare Entwicklung, wenn auch stationäre Hospize weiterhin nicht ohne deutliche Unterstützung durch Spenden auskommen.

Im Jahr 2002 hat die WHO, die Weltgesundheitsorganisation, definiert, was Palliativversorgung meint. So lautet die Beschreibung: »*Palliative Care* dient der Verbesserung der Lebensqualität von Patienten und ihren Familien, die mit einer lebensbedrohlichen Erkrankung konfrontiert sind. Dies geschieht durch Vorbeugung und Linderung von Leiden mittels frühzeitiger Erkennung, hochqualifizierter Beurteilung und Behandlung von Schmerzen und anderen Problemen physischer, psychosozialer und spirituelle Natur.« Es geht also um Körper, Geist und Seele.

Die meisten Menschen möchten zu Hause sterben, am besten ohne Schmerzen und im Kreis der Familie. Dank der wunderbaren ambulanten Palliativdienste ist das möglich geworden. Wichtig ist natürlich außerdem ein Pflegedienst, der je nach Bedarf auch über längere Zeit einmal oder mehrmals am Tag kommt für die Grundpflege. Wenn es aber ans Sterben geht, sind die besonderen Kenntnisse und Fähigkeiten der Ärztinnen, Ärzte, Krankenschwestern und Pfleger der Palliativdienste unverzichtbar. Ohne sie müssten die Angehörigen einen Sterbenden wohl fast immer ins Krankenhaus einweisen lassen, weil nur dort Schmerzbehandlung möglich wäre.

Ich bewundere die Mitarbeiterinnen der Palliativambulanz in unserem Stadtbezirk. Einige Male schon habe ich ihnen als Dankeszeichen Blumen gebracht, als sie wieder eine Sterbende wunderbar begleiteten. Wie gut, dass es das gibt! Den Tagen mehr Leben geben, nicht dem Leben mehr Tage.

Papst Franziskus hat das Bild von der Kirche als Feldlazarett erfunden. Damit meint er, dass die Kirche dort wirken muss, wo die Menschen in Not sind, verletzt und geschunden. Er sagt auch, die Kirche müsse an die Ränder gehen. Das meint das Gleiche etwas friedlicher.

Zum Glück konnte ich immer in die Hospize und Krankenhäuser während der Pandemie, um die Krankensalbung zu spenden. Knapp einhundert Menschen aus unserer Pfarrei sind gestorben.

Bei den Beerdigungen war es anders als sonst. Zum Trauergespräch vorher treffe ich mich in normalen Zeiten für eine gute Stunde bei den Angehörigen zu Hause oder im Pfarrhaus.

Jetzt geschieht das am Telefon. Es funktioniert erstaunlich gut, denn die Angehörigen haben immer Verständnis, dass ich als fast Siebzigjähriger ein Hochrisikoträger bin. Leider kann ich nicht mehr Kaffee und Kuchen beim Gespräch anbieten wie sonst. Ich schicke jedes Mal aber ein Päckchen mit einem Büchlein und guten Worten von Pater Anselm Grün.

Auf den Friedhöfen sind in den Trauerhallen je nach Größe wegen der Pandemie nur 11 bis 23 Personen zugelassen. In Frechen, wo ich beerdigt habe, sind die Trauerhallen ganz geschlossen. Da stehen alle, auf den anderen Friedhöfen die meisten draußen, Ansprache und Musik werden nach außen übertragen. Am einfachsten ist es bei Baumbestattungen, dann verteilen sich die Menschen im Wald.

Elisabeth P., *79 Jahre:*

Ich berichte von einer Dame, 91 Jahre alt, die seit 48 Jahren hier im Viertel wohnt. Diese alte Dame ist im vorigen Jahr ins Seniorenheim gezogen, wo sie sich heute wohlfühlt. Da sie keine Angehörigen hat, kümmern wir uns um sie. Jeden Donnerstag kommt sie zum Mittagessen, die anderen Tage geht sie zur Kantine. Bei gutem Wetter nehmen wir sie mit in den Garten, wo sie unter Freunden und Nachbarn ist. Uns liegt die Dame am Herzen. Wichtig ist, dass sie eine Abwechslung hat. Ich bin ein Mensch, der nicht ohne Bewegung sein kann. Meine Tätigkeiten in der Gemeinde: Lektorin, Kommunionhelferin, Mitglied im Altenclub und im Chor. Also Langeweile gibt es bei mir nicht. Ich arbeite gerne in unserer Gemeinde mit, denn wir wollen doch eine Gemeinschaft sein.

8. HöVi-Dorf

Es sollte die 27. Auflage unserer Kinderstadt HöVi-Land in den Sommerferien werden. Für die *Pänz*, die Kinder, ist sie das Highlight des Jahres. Ein kleines Mädchen brachte es für das ARD-Morgenmagazin genial auf den Punkt, als es auf die Frage der Reporterin, was denn am schönsten sei, antwortete: »Dass wir hier zusammenhalten – und all die anderen Dinge.« In der Tat ist es der Zusammenhalt, der das HöVi-Land auszeichnet. Der macht Ausflüge, Schwimmen, Basteln oder gemeinsam Kochen noch mal so schön.

Die jugendlichen Leiterinnen und Leiter, die jedes Jahr eine intensive Ausbildung erfahren, sind Vorbilder für die Kinder. Die Abschiedstränen am letzten Tag der Ferienfreizeit beweisen es. Als zusätzliches Dankeschön erhält jede/r ein T-Shirt mit dem jeweiligen Motto – heiß begehrte Sammlerobjekte. Ebenso das Armband, das jedes Kind zu Beginn erhält. Eine Jugendliche trägt mittlerweile elf HöVi-Land-Bänder am Handgelenk.

Die Kinderstadt ist keine Kinderbespaßung für drei Wochen, sondern der real gewordene Traum eines solidarischen Gemeinwesens. Neben den Jugendlichen, die die 30 Gruppen leiten, engagieren sich auch rund 300 Erwachsene. Natürlich ist alles ökumenisch. Und demokratisch. Und für alle und mit allen Menschen guten Willens.

Doch 2020 ist Pandemie. Der wöchentlich sich treffende Pfarrgemeinderat entschied: »Wir machen für die *Pänz*, was irgend geht!« Und so haben wir statt einer großen Kinderstadt ein Kinderdorf eröffnet. Leider konnten statt 630 Kindern wie bisher nur 210 teilnehmen und auch nur eine Woche lang statt drei. Die Gruppen mussten auf Abstand zueinander bleiben. Jeweils zehn Kinder waren in einer Gruppe, dazu drei Leiterinnen und Leiter. Jedem Kind mussten im geschlossenen Raum fünf Quadratmeter zur Verfügung stehen. Bei Aktivitäten draußen waren es zehn. Mittagessen ging jeweils nur in der kleinen Gruppe. Das Essen kam nicht von der Zeltküche, die sonst immer für gut 900 Personen gekocht hat, sondern wegen der strengen Hygieneregeln von einem Caterer. Der Kontakt zu den Kindern, die nicht mitkommen konnten, wurde über Bildschirm gehalten. Junge Menschen hatten ein Fernsehstudio eingerichtet, von dem aus Gesang, Sketche und morgendlicher Frühsport übertragen wurden.

Besonders schön fand ich, dass etliche besser gestellte Familien auf die Teilnahme ihrer Kinder verzichteten, damit ärmere wenigstens eine schöne Ferienwoche erleben konnten. Das ist die Solidarität, die unseren Stadtteil zusammenhält.

Gisela R., *74 Jahre:*

Was mich an HöVi begeistert? Stellvertretend eine kleine wahre Geschichte:

Vor Jahren durften Kinder im Mitarbeiter-Café in der Kinderfreizeit HöVi-Land beim Spülen von Bergen von schmutzigem Geschirr über ihre Untaten nachdenken. Eines Morgens beschloss ich aus Langeweile, schon mal mit dem Spülen anzufangen. Ich arbeitete konzentriert, fühlte mich aber plötzlich beobachtet. Da stand ein etwa zehnjähriger Knirps vor mir, der wegen seiner Aggressionen in der Gruppe Stammgast an der Spüle war, und schaute mir mit mitleidigem Blick zu. »Was hast du denn angestellt?«

Ich sagte ihm, dass ich nichts Schlechtes gemacht hätte.

»Nix?!?« In den großen Augen standen Erbarmen und Entrüstung zugleich. »Das ist aber ungerecht!«

Sehen Sie, das ist der Geist von HöVi, und darum …

9. Wochenandacht

Am 15. März 2020 sollte nachmittags in unserer Kirche St. Theodor eine Benefizveranstaltung zugunsten obdachloser Menschen stattfinden. Es war der erste Event, der ausfiel. Der Kabarettist Jürgen Becker, der auftreten wollte, war traurig wie wir alle.

Was tun, um die Gemeinschaft zusammenzuhalten?

Ab Ende März 2020 verschickten wir jede Woche per Post einen Wochenbrief mit einem Anschreiben und einer Andacht an 900 Adressen in unserer Gemeinde. Wie viele Menschen wohl dahinterstecken? Man kann alle Texte auch unter www.kkg-hoevi.de lesen, aber bei uns haben viele Menschen, vor allem ältere, kein Internet.

Der Pfarrgemeinderatsvorsitzende schreibt den Wochenbrief mit allen aktuellen Informationen. Die wöchentlichen Andachten, auch Impuls genannt, schreiben Menschen zwischen 15 und 93 Jahren. Also nicht der Pastor oder die Gemeindereferentin. Interessant ist ja nicht, was die glauben, sondern was die Mitmenschen im *Veedel* bewegt.

Eine junge Mutter berichtet, wie sie mit zwei kleinen Kindern und Homeoffice klarkommt. Die Leiterin des Kindergartens erzählt vom Geschehen unter Pandemiebedingungen dort. Die Pfadfinderinnen, wie sie über das Internet kommunizieren und die Austeilung des Lichtes aus Bethlehem vor Weihnachten vorbereiten.

Ein Mann erschließt die Mystik in den Liedern von Bob Marley. Eine Frau nahm das altbekannte Lied »Danke für diesen guten Morgen« zum Anlass, darüber nachzudenken, wofür sie dankbar ist. Einer von neun Punkten ist ihre Dankbarkeit, dass sich der Zusammenhalt in der Gemeinde in der Pandemie noch verstärkt habe. Das hat mich natürlich sehr gefreut.

Drei weitere Beispiele der Wochenandachten stehen für die Vielfalt der Glaubenszeugnisse. Eines ist von zwei jungen Frauen im Alter von 15 und 16 Jahren, eines von einer Mutter von zwei Kindern, und das dritte von einem 93-jährigen Senior in Form eines Gedichtes.

Andacht für die Woche ab Sonntag, dem 5. Juli 2020

»Es ist nicht immer leicht, an dich zu glauben, wenn man das Elend auf der Welt sieht. Es ist nicht immer leicht, an dich zu glauben, wo doch tagtäglich so viel Schreckliches passiert.« (Lydia, 15 Jahre)

In den letzten Monaten sind die Medien immer wieder voll von schrecklichen Nachrichten. Die Infektionszahlen steigen rasant und jeden Tag fordert das Coronavirus erneut Leben. Vor allem für uns junge Menschen ist so eine Krise neu und ungewohnt – es ist eine Ausnahmesituation, wie wir sie noch nie erlebt haben.

Wie viele andere Institutionen haben auch unsere Schulen in dieser Zeit geschlossen, was unsere Aufmerksamkeit auf die wichtigen Dinge im Leben lenkt. Denn sind wir mal ehrlich, welchen Wert haben Schulnoten im richtigen Leben, vielleicht abseits von einem Abschlusszeugnis?

Durch die erzwungene Isolation haben wir auch außerhalb der Schule wichtige Dinge gelernt. Wir haben neue, kreative Wege gefunden, mit Freunden und Familie in Kontakt zu bleiben. Sei es die Oma, mit der man sich nicht mehr zu Kaffee und Kuchen treffen kann, oder die Freunde, mit denen man nicht mehr am See chillen kann. Durch Corona haben wir das Videochatten und einfach lange Anrufe neu entdeckt.

Die Zeit zu Hause bot uns auch die Möglichkeit, neue Hobbys und Talente zu finden und zu fördern, nachdem viele andere Freizeitaktivitäten, wie z. B. im Sportverein zu trainieren, wegfielen. Während die Zeit zu Hause immer länger wurde, haben wir angefangen, vieles zu vermissen. Neben Familie und Freunden fehlte auch das Gemeinschaftsgefühl in Messen, Jugendgruppen, Sportvereinen etc.

Aber durch viele Aktionen haben wir auch Solidarität gegenüber unseren Mitmenschen gezeigt.

Und auch wenn es viele langweilige Tage gab, die wir größtenteils mit Serien, Filmen und Videospielen verbrachten, hatten wir auch viel Zeit mit der Familie und konnten lang geplante Ideen verwirklichen, z. B. Spieleabende, die im Arbeits- und Schulstress unmöglich waren.

Vielleicht können wir aus dieser schwierigen Situation auch langfristig etwas lernen. Man sieht schon heute, wie sich unsere Gesellschaft anpasst. Menschen tragen Masken und nehmen Rücksicht aufeinander, und mit genügend Sicherheitsabstand können mittlerweile auch Gottesdienste und einige Konzerte stattfinden.

Wie haben Sie die Krise erlebt? Haben Sie vielleicht auch neue Fähigkeiten an sich entdeckt? Ist Ihnen auch bewusst geworden, was wirklich wichtig ist im Leben?

Auch wenn es vielleicht nicht immer leicht ist, Gott in den schlechten Nachrichten zu sehen, müssen wir uns auch vor Augen halten, dass er in all den kleinen, guten Dingen ist, die uns tagtäglich passieren.

Diese Andacht wurde vorbereitet von
Selina W., 16, und Laura S., 15.

Impuls für die Woche ab Sonntag, dem 1. November 2020
»Herr, schenke mir Sinn für Humor, gib mir die Gnade, einen Scherz zu verstehen, damit ich ein wenig Glück kenne im Leben und anderen davon mitteile.« Ein Zitat von Thomas Morus, das zum Ausdruck bringt, dass eine gute Portion Humor im Leben nicht schadet, ja sogar ein Glücksgefühl auslösen kann, das man wiederum auch an andere weitergeben kann.

Im Buch Kohelet 3,4 heißt es, es gibt eine Zeit zum Weinen und eine Zeit zum Lachen.

Wann haben Sie zuletzt gelacht? Vielleicht so richtig von Herzen? Eventuell haben Sie sogar Tränen gelacht oder bis

Ihnen der Bauch wehtat und Sie kaum noch Luft bekamen? Ja, das ist schwierig zu beantworten. Denn man führt ja keine Strichliste über das Lachen oder das Fröhlichsein. Aber gerade in Anbetracht der herausfordernden und verunsichernden Zeit, die wir momentan mit dem Coronavirus erleben, ist es doch auch wichtig, seine Fröhlichkeit, seinen Humor nicht zu verlieren. Ohne Zweifel gibt es Tage, an denen einem so gar nicht zum Lachen zumute ist. Muss es ja auch nicht immer. Dennoch sollte das Negative nicht die Oberhand gewinnen. Ich für meinen Teil versuche, auch an schlechten Tagen immer noch etwas Positives zu sehen. Dabei erstreckt sich mein Humor je nach Tagesform von leichter Fröhlichkeit bis hin zu absoluter Albernheit.

Humor – laut Duden ist dies die Fähigkeit und Bereitschaft, auf bestimmte Dinge heiter und gelassen zu reagieren.

Gott hat uns Menschen diese Fähigkeit mitgegeben, dem einen mehr, dem anderen weniger. Aber meinen Sie, Gott selber hat auch einen Sinn für Humor? Dies ist eine Frage, die ich Ihnen in diesem Impuls ans Herz legen möchte. Fallen Ihnen Textpassagen aus der Bibel ein, wo es um Humor geht? Laut meiner Recherche wird der Begriff »Humor« in der Bibel nicht erwähnt. Auch wird nicht darüber berichtet, dass Jesus einen Witz erzählt oder Ähnliches. Obwohl ich das wirklich interessant fände. Dennoch gibt es ausreichende Überlieferungen von Situationen, in denen gelacht wird oder von Freude die Rede ist.

Gott sichert uns gerade in Krisenzeiten zu, dass wir, die wir ihm vertrauen, wieder lachen werden. »Selig, die ihr jetzt hungert; denn ihr werdet satt werden. Selig, die ihr jetzt weint; denn ihr werdet lachen« (Lk 6,21). Auch im Buch Hiob heißt es: »Mit Lachen wird er deinen Mund noch füllen und deine Lippen mit Jubelsang« (Ijob 8,21). Ebenso in Psalm 5, Vers 12: »Jubeln sollen, die Zuflucht suchen bei dir, sie sollen frohlocken für immer. Beschütze sie und lasse sie deiner sich freuen, die deinen Namen verehren.«

Und als Gott Abraham verkündet, dass Sara ihm nach langer Unfruchtbarkeit einen Sohn gebären wird, da fiel Abraham auf sein Gesicht nieder und lachte (Gen 17,17). Sara aber sagte: Gott ließ mich lachen. »Jeder, der es hört, wird mit mir lachen« (Gen 21,6). Ist Abrahams Lachen hier ein höhnisches Lachen, da er nicht glauben konnte, dass er und Sara in diesem hohen Alter noch Eltern werden sollten? Saras Lachen erkenne ich als Freude – welche Mutter freut sich nicht nach der Geburt ihres Kindes? Aber auch als erleichtertes Lachen.

Lachen, Freude, Humor sind so vielfältig. Ich lade Sie ein, sich diese Woche mal intensiv dem Lachen, dem Humor zu widmen. Schauen Sie, welche Situationen Sie zum Lachen bringen, was Ihnen Freude macht. Seien Sie fröhlich und voller Zuversicht. Erzählen Sie sich gegenseitig mal wieder einen Witz! Denn Humor ist der Knopf, der verhindert, dass uns der Kragen platzt, sagte bereits Ringelnatz.

»Was machst du heute?«
»Nix.«
»Hast du doch gestern schon gemacht!«
»Bin nicht fertig geworden.«

Zwei Dackel stehen vor einer Metzgerei. »Kommst du mit rein?«, fragt der eine. »Aber da steht doch: Hunde draußen bleiben«, sagt der andere. »Na und?«, meint der erste. »Dann tun wir eben so, als könnten wir nicht lesen.«

Ich wünsche Ihnen eine fröhliche Woche!

Dieser Impuls wurde vorbereitet von **Ulrike G.**

Impuls für die Woche ab Sonntag, dem 22.11.2021
Gottesdienst in Miniatur
Corona hat uns Schranken gesetzt,
die haben uns zutiefst verletzt.

Nahezu alles hat sich gewandelt,
fast nichts mehr wird noch wie früher gehandelt.
In unserer Kirche St. Theodor
schweigt seit Längerem der Kirchenchor.
Priester, Kirchenvorstand und Gemeinderat
bemühen sich gemeinsam in der Tat,
unter Einhaltung aller Schutzmaßnahmen,
den Gottesdienst zu feiern im würdigen Rahmen.
Mit einigen stimmungsvollen Zungen
ist das bisher ganz gut gelungen.
Die Orgelbegleitung von Dirk Johannes Neumann
spornt unsere Sänger zu himmlischen Tönen an.
Den begleitenden Worten zum Evangelium,
folgt eine Besinnung in Andacht – stumm.
Die Heilige Wandlung, die Kommunion,
dringt ehrfurchtsvoll vor Gottes Thron.
Die Heilige Kommunion nach Hause gebracht,
hier wird wirklich an alles gedacht.
Der Gottesdienst – äußerlich fast arm.
hat wirklich einen besonderen Charme.
Das was in »Mini« zelebriert,
wirkt in Wahrheit glorifiziert!
Dennoch wünschen wir uns bald
dass aus allen Kehlen »Großer Gott« erschallt.
Die Abendglocken um halb acht
wünschen uns nicht nur eine Gute Nacht.
Sie mahnen uns diszipliniert zu sein,
alles andere bringt Kummer ein.
Mit Gottes Hilfe soll uns das gelingen,
wir werden bald wieder gemeinsam singen!
Opferbereit,
in der schlechten Zeit.

Dieser Impuls wurde gedichtet von **Ferdinand M.**

Martin Stankowski, *Publizist, Rundfunkautor, Geschichten-erzähler, Fremdenführer und Kabarettist in Köln:*

Toleranz ist überflüssig

Von Theodor Heuss stammt die Bemerkung »Toleranz ist An-maßung«, und er meinte damit die Geste autoritärer Herrscher und Fürsten, den Untertanen Dinge zu gewähren, Rechte zu schenken, welcher Konfession sie angehören, was sie beten oder welchen Gott sie verehren mochten. Der Fürst konnte tolerant sein kraft seiner Macht und Herrlichkeit. In der Demokratie da-gegen hat der Mensch Rechte, die nicht gewährt, sondern vom Staat garantiert werden. (Ein Rest des alten Systems ist übrigens das Begnadigungsrecht des Bundespräsidenten.) Im Unter-schied zum katholischen System, in dem die Mitglieder keine Rechte haben, sondern diese ihnen nur gewährt werden, wenn es anders nicht mehr geht. Nicht aus Liebe oder Respekt, Ein-sicht oder Glaube. Die Gläubigen sind Untertanen. Da mag es normal sein, von den Hierarchen Toleranz zu fordern, weil es keine Rechte gibt.

In HöVi-Land – wenn man die religiöse Gemeinschaft in Köln Höhenberg-Vingst mal geografisch fasst – kennt man Toleranz nicht. Sie ist überflüssig. Das Leben in der Gemeinde wird von allen bestimmt, bzw. von denen, die sich darum küm-mern. Gemeinderat oder Pfarrbrief, Firmandenunterricht oder Freizeit, das Engagement im Veedel, Blumen im Sommer oder Weihnachtssterne im Winter, Ökumene, Kult oder Musik, Tafel und Kleiderkammer, alle machen mit. Entscheidend, sie ent-scheiden mit. Hier wird nicht gewährt, was man darf, sondern man macht, was getan wird. Es ist eine versöhnte Vielfalt, die nicht festgelegter Regularien bedarf, sondern der lebhaften Gemeinde. Und erstaunlich ist dabei: erstens, dass es klappt, zweitens die Vielfalt zunimmt und sie drittens einen Vorsteher haben, von dem die Weisheit überliefert ist: »Wer es macht, hat die Macht.«

Michael N., *52 Jahre:*

Wenn mich jemand fragt, warum ich nach 30 Jahren noch immer im Kirchenvorstand bin, sage ich: »Weil der Pfarrer nach der Sitzung zum Sokrates einlädt.« Das ist sicherlich auch richtig, aber nicht mein Grund, hier in HöVi mitzumachen. Noch immer mitzumachen. Das Sokrates ist übrigens das griechische Restaurant, 100 Meter von der Kirche St. Elisabeth entfernt.

Meine Eltern kommen aus Oberschlesien und so war es selbstverständlich, jeden Sonntag in die Kirche zu gehen, zur Erstkommunion zu gehen, Messdiener zu werden und zur KJG zu gehen. Dass ich später auch Gruppenleiter und Pfarrleiter wurde, lag dann schon eher daran, dass es Spaß machte und ich mit vielen tollen Menschen zusammen war.

Als einige Jüngere auf einer Pfarrversammlung sagten, was man doch besser machen sollte, wurden unsere Anregungen diskutiert und wir wurden eingeladen, in den Pfarreigremien mitzuarbeiten. Als Kopfmensch entschied ich mich für den Kirchenvorstand.

Was ich dann erlebte, hat mein Mittun in HöVi geprägt und es hält mich hier – trotz der vielen Probleme der Kirche, wie aktuell der Aufarbeitung des sexuellen Missbrauchs. Da sind die Möglichkeiten, die einem hier eingeräumt werden, Dinge zu tun. Ich prägte dafür den Satz: »Wer es macht, hat die Macht!« Wer hier eine gute Idee umsetzen möchte, bekommt die dazu nötigen Ressourcen. Das hat bis heute eine große Kreativität und Vielfalt in allen Bereichen möglich gemacht.

Viele machen mit. Jeder macht das, was er kann. Und das ergibt ein buntes, tolles, erhebendes Gemeindeleben.

10. Firmung

»Bleiben oder gehen?« war der Titel einer Online-Diskussion von Maria 2.0. Die Publizistin Christiane Florin moderierte das Gespräch. Ein Professor war dabei, eine Buchautorin zum Thema *»dark leadership«* und andere. Und eine sechzehnjährige Firmandin aus unserem Sprengel.

Sie stellte dar, warum sie in der Kirche bleiben möchte und sich firmen lassen will. Dies waren ihre Argumente:

- Im Gebet kann ich mich an Gott wenden; das ist gut.
- In der Gemeinde kann ich meinen Glauben in der Gemeinschaft ausleben.
- Für die Firmung bin ich jetzt im richtigen Alter. Nächstes Jahr mache ich Abitur, dann muss ich mich darauf konzentrieren.
- Ich will die Kirche mitgestalten.
- Später möchte ich auch einmal Firmkatechetin oder Patin sein.
- Allerdings vermittelt die Kirche auch Intoleranz, keine Transparenz.

Die Worte der jungen Frau habe ich bei der Zoom-Konferenz mitgeschrieben. Interessant finde ich, dass sie »ausleben« gesagt hat. Und dass sie Gott als erstes Argument genannt hat. Auf die Intoleranz gehe ich später ein, da bezieht sie sich auf die gleiche Würde aller Menschen. Interessant ist ebenso ihre Erwähnung, später vielleicht einmal Firmkatechetin zu werden.

Offensichtlich sind die Katechetinnen ein Vorbild für die Jugendlichen. Bei uns sind es diesmal acht junge Frauen, davon zwei

Ärztinnen, eine Lehrerin, die anderen sind im Studium oder in der Ausbildung. Also eine reine Frauen-Crew zusammen mit unserem Pastoralreferenten. Geplant war die Vorbereitung so, wie sie unser Pastoralreferent **Michael Sebastian** beschreibt:

>»Alle zwei Jahre beginnt nach den Herbstferien bei uns in St. Theodor und St. Elisabeth die Firmvorbereitung mit einem Kennenlernwochenende. Highlight ist dann die Mitwohnwoche im Januar, wo die Firmanden und die Katechetinnen eine Woche zusammen in den Räumlichkeiten unserer Kirchengemeinde leben. Geschlafen wird in den Gruppenräumen unseres Jugendheimes, die uns von unseren Jugendgruppen gerne zur Verfügung gestellt werden. Der Pfarrsaal wird zum Wohn- und Esszimmer während der Woche. In der Klein- und Großgruppe findet jeden Tag die Firmvorbereitung statt. Wir leben, lernen und essen zusammen und erleben eine unvergessliche Gemeinschaft. Zum Schluss ist die Firmung in der Kirche St. Theodor. So hat es viele Male bei uns stattgefunden und uns geprägt. Corona verändert alles, auch unsere legendäre Firmvorbereitung! Eigentlich wollten wir unseren Jugendlichen in diesem Jahr noch mehr Möglichkeiten der Vorbereitung bieten in Zusammenarbeit mit den umliegenden Seelsorgebereichen. Es sollte die Möglichkeit einer Taizé-Fahrt geben, Aktionstage und vieles mehr. Mit meinen Kolleginnen und den Katecheten aus allen drei Seelsorgebereichen haben wir uns jetzt ein neues Konzept ausgedacht, was den Jugendlichen trotz Corona eine interessante und gemeinschaftsfördernde Firmvorbereitung bieten soll. Es gibt drei gemeinsame Aktionstage und eine ›Nacht in der Kirche‹. Darüber hinaus gibt es einen Versöhnungsabend, an dem die Jugendlichen eingeladen sind, entweder zu beichten oder ein Seelsorgegespräch mit Seelsorgern zu führen.«

Statt analoger Treffen der Firmandinnen mit den Katecheten findet nun vieles digital statt, so die Treffen in kleinen Gruppen per Videokonferenz. Auch das Gespräch mit dem Weihbischof lief so. Vorher hatte ich angefragt, ob ich als älterer Pastor daran teilnehmen dürfe. Ich würde nichts sagen, sondern nur zuhören. Die Entscheidung wurde wie bei uns üblich demokratisch gefällt. Alle Katechetinnen wurden per Mail von unserem Pastoralreferenten angefragt. Zum Glück für mich waren sie dafür und ich konnte zuhören. So kann ich nun davon berichten.

Die Firmanden und der Bischof

Die Teilnahme per Laptop organisiert unsere gute Pfarrsekretärin, auch dankenswerterweise außerhalb der normalen Arbeitszeiten. Persönlich lebe ich nämlich wie vor 20 Jahren noch rein analog. Ich habe kein Handy, kein Internet, ein Radio nur im Auto und schaue nicht Fernsehen. Nicht weil ich diese Errungenschaften der Technik ablehne, nein – im Pfarrbüro haben wir ja alles. Aber ich gehe rund um die Uhr ans Telefon, mehr geht nicht. Was die Mails an die Pfarrgemeinde oder mich angeht, so schauen unsere guten Sekretärinnen sie durch; ich muss mich noch mit etwa 15 Prozent beschäftigen. Falls ich einmal in Pension gehen sollte, so beschaffe ich mir sogleich all die modernen Hilfsmittel, die ich für nützlich halte. Diesen Text wie alle Briefe schreibe ich nicht am Computer, sondern auf einer betagten IBM-Schreibmaschine. Das reicht, denn ich kann nicht schneller denken, als ich tippen kann.

Eine Nebenbemerkung sei mir erlaubt. Mich hat ein Artikel beeindruckt, der beschreibt, dass das Internet eine Gefahr für das Leben im Kloster sein kann. Wer nach der Komplet nicht ins Bett geht, sondern ins Internet, steht in der Gefahr, sich mit Blödsinn zu beschäftigen. Der Volksmund sagt: Gelegenheit macht Diebe. Vielleicht würde ich mich ja auch von Computerspielen ablenken lassen, wenn ich den Zugang dazu hätte. So lese ich lieber Bücher.

Zurück zum Gespräch der Firmandinnen mit dem Weihbischof. Geplant war es ja eigentlich wie gewohnt vor Ort in analoger Begegnung. Nun also als Videokonferenz. Unser Pastoralreferent, der gut moderieren kann, leitete die digitale Begegnung.

Vorher hatte Weihbischof Rolf Steinhäuser den folgenden Brief erhalten. Wundern Sie sich nicht über die gestochenen Formulierungen! So kundig sind junge Menschen heute! Bei der Formulierung hat kein Erwachsener geholfen.

Sehr geehrter Weihbischof,

im Rahmen der Firmvorbereitung in den Gemeinden Deutz-Poll, Vingst und Höhenberg haben wir Firmlinge uns bereits mit vielen interessanten Themen auseinandergesetzt. Unter anderem haben wir uns mit sozialen Werten und deren Bedeutung zu Zeiten von Corona beschäftigt. Ein Highlight war ein Planspiel, bei dem wir in einer gemeinsamen digitalen Zusammenkunft die Möglichkeit hatten, unsere eigene Gemeinde zu gründen und diese nach unseren Vorstellungen zu gestalten. Dabei haben wir aus der Sicht verschiedener Interessengruppen (Jugendliche, Familien/Kinder, Senioren und Pfarrgemeinderat) unsere Wünsche zusammengetragen. Resultat des Ganzen war eine Gemeinde, die den Wünschen aller entsprach und Werte wie Toleranz, Gleichberechtigung, Integration und Gemeinschaft in den Vordergrund stellte.

Als wir in den folgenden Treffen der einzelnen Firmgruppen nochmals über unsere selbst gegründete Gemeinde nachdachten, begannen einige, sie mit dem aktuellen Aufbau der katholischen Kirche zu vergleichen. Was uns hierbei auffiel, war, dass viele unserer erdachten Werte und Wünsche nicht mit denen der aktuellen Realität übereinstimmen. Zu nennen wäre vor allem ein gleichberechtigter Zugang zu allen offiziellen Ämtern innerhalb der Kirche, ungeachtet des Geschlechts, sowie die Toleranz der Amtskirche gegenüber Homosexualität. Unsere Überlegungen führten jedoch im weiteren Verlauf deutlich darüber hinaus. So betrachteten wir unter anderem auch den aktuellen hierarchischen Aufbau. Dieser ist unseres Erachtens nach bei Weitem nicht mehr zeitgemäß. Die autokratisch orientierte Machtstruktur, sei sie auch historisch begründbar, lässt sich mit unserer heutigen aufgeklärten Weltauffassung und unserem demokratischen Grundverständnis nicht vereinbaren. Vielmehr wäre hier ein synodaler Weg angebracht. Dieser gäbe den Gemeinden mehr Eigenverantwortung, was vor allem eine Wertschätzung des persönlichen Engagements vieler Ehrenamtler und Ehrenamtlerinnen bedeutete. Dieses Engagement ist Grundbedingung für eine lebendige Gemeinschaft innerhalb der Gemeinde. Bereits heute ist spürbar, welche Auswirkungen es auf die Gemeinden hat, dass die Bereitschaft schwindet, sich zu engagieren.

In unseren Gemeinden haben wir bereits gute Erfahrungen damit gemacht, dass vor allem die Ehrenamtler und Ehrenamtlerinnen die Gemeinde leiten und die Hauptamtlichen lediglich eine unterstützende Rolle einnehmen. Dadurch hat die Gemeinde eine deutlich bessere Möglichkeit, die Gemeinschaft aktiv im Sinne aller zu gestalten. Darüber hinaus haben auch die Hauptamtlichen Zeit für die Seelsorge und müssen sich nicht mit der Verwaltung beschäftigen. Entscheidungen lasten somit nicht mehr nur auf den Schultern des leitenden Pfarrers. Leider wissen wir, dass diese Art der Zusammenarbeit bis dato nur in wenigen Gemeinden Realität ist, obwohl sie offensichtliche Vorteile bietet.

Auch der Umgang mit den Missbrauchsfällen und die unzureichende, nach wie vor intransparente Aufarbeitung der vergangenen Verfehlungen lassen uns zweifeln, ob wir den Weg der Firmung und somit die vollständige Aufnahme in die Gemeinschaft beschreiten wollen.

Vor diesem Hintergrund steht nun die Frage im Raum, weshalb sich Jugendliche wie wir überhaupt noch dazu entscheiden sollten, zur Firmung zu gehen, wenn wir uns doch oft im Alltag damit konfrontiert sehen, unsere Zugehörigkeit zur katholischen Kirche, die im Rahmen der Missbrauchsfälle zunehmend und möglicherweise dauerhaft an Glaubwürdigkeit verliert, rechtfertigen zu müssen.

Die Antwort auf diese Frage ist unweigerlich mit unserer Erkenntnis verbunden, dass der Glaube und die katholische Amtskirche voneinander trennbar sind. Bildlich gesprochen sind das für uns »zwei verschiedene Paar Schuhe«. Aus unseren Glaubenserfahrungen heraus, die wir in unseren Gemeinden deutlich liberaler als offiziell vorgeschrieben erfahren konnten, haben wir uns für die Firmung entschieden, da es die erste bewusste und aktive Entscheidung für den Glauben und die dazugehörige Gemeinschaft vor Ort ist.

Was macht die Gemeinschaft eigentlich so besonders, dass sie in einem Satz mit dem Glauben einhergeht?

Glaube verbindet!

So erleben und leben wir es in unseren Gemeinden. Der Glaube verschafft Freude im gemeinsamen Tun und gibt Halt in schweren Zeiten. Dadurch führt er Menschen zusammen. Somit ist er ursächlich für die Entstehung von Gemeinschaft und ermöglicht einen gemeinsamen Mittelpunkt. Die Firmvorbereitung sowie diverse andere Freizeitangebote in unseren Gemeinden bereiten uns stets viel Spaß. Deshalb wollen einige in Zukunft zum Erhalt dieser Angebote beitragen, indem sie vielleicht sogar Katechetin oder Katechet werden. Auch lassen wir uns firmen, um später selbst einmal Tauf- und Firmpate werden zu können als Vorbild für die Menschen, die uns vertrauen.

Wie jedoch bereits erwähnt, ist es für Außenstehende oftmals unmöglich, die katholische Kirche und den katholischen Glauben gedanklich voneinander zu trennen. Gerade deshalb haben wir uns dazu entschieden, nicht einfach auf dem Absatz kehrt zu machen und die Kirche sich selbst zu überlassen. Wir wollen auch in Zukunft mitgestalten, um zu zeigen, dass es auch andere Möglichkeiten gibt, den christlichen Glauben zeitgemäß auszuleben. Hierbei ist es uns ein besonderes Anliegen, Transparenz für Außenstehende zu schaffen, die eine Rechtfertigung bezüglich unseres Glaubens und unserer Zugehörigkeit überflüssig werden lässt. Im

Zentrum sollte eine Gemeinschaft stehen, die tolerant und integrativ ist und jeden Menschen als gleichwertig ansieht.

In diesem Sinne freuen wir uns sehr über Ihre Bereitschaft, sich mit uns zusammenzusetzen und über genau diese Themen zu debattieren. Gerade in diesen Zeiten ist das keine Selbstverständlichkeit und wir wissen Ihr Entgegenkommen zu schätzen.

Daher verbleiben wir in Vorfreude auf ein lebendiges Gespräch
und mit den besten Grüßen
stellvertretend für die Firmlinge der Gemeinden Deutz Poll, Vingst und Höhenberg
Gereon G., Laura S. und Sylvia S.

Zu Beginn der Videokonferenz von etwa anderthalb Stunden bedankte sich der Weihbischof für die Einladung und den Brief. Er sagte, das sei ja ein *»Büttchen Bunt«,* enthalte also viele Themen. Die altmodische Formulierung, die wohl die Firmanden noch nie gehört hatten, machte deutlich, dass der Bischof von fast 70 Jahren sich nicht bei den Jugendlichen anbiedern wollte, sondern so sprach, wie ihm der Schnabel gewachsen ist. Diese Kleinigkeit finde ich sehr wichtig. Interessant sind wir Älteren für junge Menschen nur, wenn wir uns nicht verstellen, also uns geben, wie wir sind, authentisch.

Bei der ersten Frage an den Weihbischof ging es nicht um die Firmung, sondern aktuell um sexuelle Gewalt in der Kirche. Der Bischof machte klar, dass er selbst nie Personalverantwortung auf Bistumsebene gehabt habe. Er war Diözesanjugendseelsorger und danach Stadtdechant in Düsseldorf.

Er sei bei jedem neu veröffentlichten Fall von sexueller Gewalt »traurig, wütend, hilflos«. Und er fügt hinzu: »Da kennst du den – wie geht das denn?! Das zieht einem die Schuhe aus.« Und weiter: »Ich will hier keine Betroffenheitsrunde drehen.« Diesen Satz fand ich als stummer Zuhörer sehr gut. Zum einen schuf er eine emotionale Distanz für alle, zum andern war er eine gute Einleitung zum Themenwechsel.

Da sich spontan keiner der Jugendlichen meldet, erzählt unser Pastoralreferent, dass in der Schule die jungen Menschen derzeit ausgelacht würden, weil sie Messdienerinnen seien.

Dazu erklärt der Weihbischof, er werde auch oft kritisch angefragt, aber bisher noch nicht beschimpft. Und dann formuliert er deutliche Sätze, welche die Jugendlichen mit gespitzten Ohren vernehmen. Bei einer Videokonferenz kann man ja sehen, wer interessiert zuhört oder abgelenkt ist. Der Bischof sagt:

»Der Anspruch der Kirche und das Leben klaffen auseinander.«

»Wie Menschen darauf reagieren, ist deren Entscheidung.«

»Ich will euch nicht überreden, euch firmen zu lassen.«

»Ihr müsst wissen, mit wem ihr euch sehen lassen wollt.«

»Firmung ist eine Einladung, keine Vereinnahmung.«

»Euch bequatschen wäre das Falscheste, was man machen kann.«

»Das muss jede und jeder für sich abwägen, wie er sich verhalten soll.«

Ich zitiere dies so ausführlich, weil es verdeutlicht, wie ein sinnstiftendes Gespräch mit jungen Menschen laufen kann. Papst Benedikt meinte, zuerst kommt die Vernunft, dann die Freiheit und dann vielleicht und hoffentlich der Glaube als Geschenk. Dies vernahm ich sozusagen als Hintergrundrauschen bei den Worten des Bischofs.

Nun schilderte Laura, Mitverfasserin des Briefes an den Bischof, kurz den bisherigen Verlauf der Firmvorbereitung. Resümee: Wir haben Spaß in der Gemeinschaft.

Dann geht es ans Eingemachte. Gereon, Mitverfasser des Briefes, fragt den Bischof: »Welche Werte soll die Kirche vermitteln?«

Ich bringe jetzt wieder einige Zitate, die zeigen, dass eine Begegnung junger Menschen mit einem alten Bischof funktioniert, wenn der von sich spricht. Später kommt dann noch, was nicht klappt.

»Die Werte sind im Evangelium zu finden. Jede und jeder bleibt dahinter zurück. Es ist auch in der Kirche nicht schwarz-weiß, sondern grau.«

»Schlecht ist, wenn wie jetzt die Werte und die Wirklichkeit auseinanderklaffen.«

»Die Wahrheit sagen, nicht immer fette Lebenslügen.«

Der Firmand Gereon fasst nach: »Welche Werte finden Sie denn essenziell?« Dieses Nachhaken zeigt, wie Vertrauen im Gespräch wachsen kann. Mir fielen die Grundsätze des Vertrauensaufbaus ein: Vom Wissen zur Erfahrung, von Gehorsam zum Vertrauen, vom Satz zum Verstehen.

Mit dem Vertrauen ist es wie mit dem Glauben, es ist ein Geschenk, man kann es nicht erwerben, vielleicht ein wenig erarbeiten. Ziel eines Gespräches ist dann Beratung, nicht Belehrung.

Aus der Antwort des Bischofs:

»Ich bin Gott dankbar, ich will ihm etwas zurückschenken.«

»Die Liebe zu Gott ist mir zentral. Und den Nächsten lieben wie mich selbst.«

»Der Nächste ist der, der mir nahekommt.«

Der Bischof erzählt vom Barmherzigen Samariter: »Priester und Diakon wollen sich nicht die Hände schmutzig machen.«

»Fair handeln und Achtung vor allen Menschen – auch an der Peripherie der Nächstenliebe.«

Gereon hakt noch einmal nach und fragt nach der Zukunft der Kirche. Der Bischof:

»Die Kirche ist wie ein großer Tanker, kein Segelboot. Jede und jeder muss sich fragen: Reicht mir das oder ist es ehrlicher, wenn ich die Gemeinschaft wechsle? Ein schmerzhafter Prozess.«

Unser Pastoralreferent weist nun auf das Planspiel der Firmanden hin, worüber im Folgenden noch zu lesen ist. Vier Gruppen der Firmandinnen hatten das Thema »Wir möchten eine Gemeinde gründen« erörtert, jeweils in der Perspektive einer Interessengruppe in einer Pfarrgemeinde.

Dazu der Bischof: »Die Machtfrage ist in der Gemeinde wichtig. Nicht nur im Verhältnis von Priester und Laien, sondern auch untereinander.«

»Der Synodale Weg ist ein Versuch wie auch der Zukunftsweg in unserem Erzbistum.«

»An eurer Stelle würde ich fragen: Was geht hier in HöVi? Wenn hier abgeblockt wird, dann in der Nachbarschaft schauen.«

Nun folgt eine kleine Attacke des Bischofs: »Jetzt zank ich euch mal. In eurem Brief fehlen Gott und Jesus Christus. Für mich ist das Primäre Gott und Jesus Christus, nicht eine Wellnessgemeinde.«

Gereon weiß zu parieren: »Glaube ist die Grundlage der Gemeinschaft!«

Sylvia meldet sich, Mitverfasserin des Briefes an den Bischof: »Finden Sie, dass Frauen keine große Rolle in der Kirche spielen?«

Spannend! Der Bischof antwortet: »Die Kirche lebt zu großen Teilen durch die Frauen, die sich engagieren. Frauen sollen leitende Positionen haben. Ob es in 10, 20 oder 30 Jahren Priesterinnen gibt, weiß ich nicht. Man darf nicht sagen: Weil es das nie gegeben hat, darf man darüber nicht nachdenken. Es gibt unterschiedliche Meinungen.«

Es folgt nun das, was nicht funktioniert. Die Kirche sei eine Stiftung, kein Verein, sagt der Weihbischof. Das stimmt ja auch aus meiner Sicht, aber es den jungen Menschen zu vermitteln, gelingt nicht. Der Weihbischof wählt das Beispiel einer Geldstiftung für Kinder in Kenia: Stifter, also Spender, geben Kapital, aus dessen Ertrag etwas Gemeinnütziges, hier also für die Ausbildung von Kindern in Afrika, finanziert wird. Der Zweck steht in der Stiftungssatzung und wird von den Behörden in Deutschland auf seine Gemeinnützigkeit geprüft. Der springende Punkt ist: Die Stifter legen natürlich den Zweck ihrer Stiftung fest, nicht die Empfänger oder andere Menschen. Aber ich habe den Eindruck, dass höchstens einige der acht Katechetinnen, die ja auch zugeschaltet sind, das Beispiel des Weihbischofs verstehen. Eine davon, eine junge Ärztin, ist im Vorstand unserer Stiftung »Gemeinsam Gemeinde leben«. Sie meint, dass der Vergleich zu sehr hinkt. Das war nicht schlimm, zeigt aber, dass es

Grenzen der Vermittlung traditioneller Sprachspiele gibt. Es tat dem Klima des Gespräches keinen Abbruch, weil ja auch gilt: Versuch gestartet, Fehllandung.

Zum Schluss zeigte sich, wie klug der Weihbischof ist. Er forderte alle zum Feedback auf. Das war doppelt gut. Zum einen bewies es, wie wichtig dem Bischof die Rückmeldungen der Jugendlichen sind, zum anderen kamen nun alle zu Wort und äußerten sich so ausführlich, dass ich nicht genau mitschreiben konnte, nur skizzieren kann:

> Sehr interessant / Sehr gut, es steht nichts mehr im Weg für die Firmung / Habe andere Seiten gesehen / Der Bischof will Umschwung und neuen Wind / Interessant, die andere Seite zu hören / Angenehm, offen, ehrlich / Jugend in Verantwortung / Sehr gutes Gespräch, Bischof hat sich Zeit genommen / Gespräch hat gutgetan / Viel zum Nachdenken / Auf jede Frage ist der Bischof eingegangen, noch nicht nachvollziehbar: Frauen in der Kirche / Fragen nicht komplett beantwortet, aber Perspektive der Offenheit / Die Richtung, die ich erwartet habe / Wir haben eine Stimme / Zeit genommen und Offenheit beim Nein / Mit der Antwort zur Rolle der Frauen bin ich nicht zufrieden / Wir müssen unsere Stiftungssatzung ändern! Sie könnten Ihre Stimme erheben! / Das Glaubensbekenntnis ist die Grundlage, für den Tanker Kirche sollten wir die Richtung aushandeln / Interessant.

Während des Gespräches hatte ich wie vereinbart nichts gesagt, sondern nur zugehört. So konnte ich auch alles mitschreiben. Nun forderte mich unser Pastoralreferent auf, doch beim Feedback etwas zu sagen. Ich sagte: »Ich meine, der Weihbischof tickt sauber.« Darauf er: »Das ist ja wie ein Ritterschlag.«

Nach der Begegnung zwischen Firmanden, Katechetinnen und Bischof kam mir ein Wort von Goethe in den Sinn: »Das Was bedenke, mehr bedenke Wie«. Es war wohl das Klima, die Atmosphäre, die das Gespräch wertvoll gemacht hat. Vor allem geschah es auf Augenhöhe, mit Respekt. Sich über den Glauben auszutauschen, bedeutet, von sich selber zu reden. Das haben die Firmandinnen getan, und zum Glück auch der Bischof.

Weihbischof Rolf Steinhäuser ging in seiner Predigt bei der Firmung selbst noch einmal auf das Gespräch ein:

> »Erfreulicherweise sehen wir uns heute Abend nicht zum ersten Mal. Am 6. Februar haben wir schon einen spannenden Nachmittag zusammen verbracht, zwar nur digital, aber immerhin. Trotz Corona sind wir in einen intensiven Austausch über euren Glauben und euer Leben, über Gott und eure Vorstellungen von der Kirche eingetreten. Wir haben diskutiert über sexuellen Missbrauch und Geschlechtergerechtigkeit, über Machtverteilung und Ehrenamt. Das Gespräch habe ich als offen und ehrlich empfunden, einig waren wir uns durchaus nicht immer.
>
> Ihr habt sicher wahrgenommen, dass ich euch nicht zur Firmung überreden wollte, sondern sehr deutlich gemacht habe, dass ihr das für euch gut überlegen und entscheiden müsst.«

Ich denke, mit diesen Sätzen traf der Bischof den richtigen Ton vor den Jugendlichen: Das Gespräch war, so teilte er seine Wahrnehmung mit, spannend, intensiv, voll »heißer« Themen, offen und ehrlich. Mehr kann man von einem Gespräch nicht erwarten. Dass sich der Bischof und die Jugendlichen nicht in allem einig waren, gehört zur Ehrlichkeit und ist normal. Anderes zu behaupten wäre Heuchelei; dafür haben Jugendliche ein gutes Gespür. Wer sich anbiedern will mit vorgetäuschten Aussagen, hat verloren. Nur logisch, dass der Bischof nach der Feststellung dieser Differenz im Gemeinsamen den Jugendlichen offen bestätigt, dass die Firmung ihre eigene Entscheidung ist. Die Kirche zwingt oder überredet niemanden mehr dazu. Ein kluger Bischof zollt den Gläubigen Respekt und achtet ihre Freiheit. Wenn er es »echt« meint, kommt genauso viel Respekt zurück.

Planspiel Gemeinde

Nun folgen die Ergebnisse des Planspiels der Firmanden. Eine ihrer Ideen begeistert mich als Pastor besonders, nämlich einmal im Monat am Sonntagnachmittag eine besondere Heilige Messe oder einen Gottesdienst für Jugendliche und junge Erwachsene zu gestalten.

Einmal im Monat bedeutet ja angesichts der Ferien acht Mal im Jahr. Wenn bei uns zum Beispiel die Pfadfinderinnen eine Sonntagsmesse gestaltet haben, war dies immer ein Highlight für die Gemeinde. Ich werde nicht müde, die jungen Menschen höflich wie werbend an diese Idee zu erinnern. Zum Glück haben wir gerade tolle Scheinwerfer mit Akku dank unserer Stiftung kaufen können, die dann sicherlich zum Einsatz kommen werden. Wenn acht Termine pro Jahr zu viele sind für die Engagierten, könnte an einigen auch das Taizé-Gebet einspringen, das es bei uns schon gibt.

Unser Pastoralreferent **Michael Sebastian** war so freundlich, das Ergebnis des Planspiels zusammenzufassen. Es wird deutlich, unter welchen Bedingungen Kirche und Gemeinde eine Zukunft haben:

Firmandinnen gründen eine Pfarrgemeinde

In der Firmvorbereitung, die momentan nur online in Videokonferenzen stattfinden kann, haben wir mit allen gemeinsam ein Planspiel durchgeführt. Ziel des Planspiels war es, eine Gemeinde zu gründen, in der alle Mitglieder sein wollen und sich wohlfühlen. Dazu teilten sich die Firmanden in vier Interessengruppen auf. Es gab die Gruppe der Jugendlichen, der Familien, der Senioren und ein Leitungsgremium. Jede Gruppe überlegte dann für sich in der Kleingruppe, was für die jeweilige Interessengruppe wichtig ist und gewünscht wird. Die Ergebnisse wurden dann im Plenum vorgestellt und es ging danach wieder in die Beratung mit dem Ziel, Kooperationspunkte und Kompromisse zu finden. Anschließend wurde im Plenum miteinander diskutiert und es wurden Lösungen und Kompromisse gesucht.

Allen war wichtig, dass es für jede Zielgruppe ein Angebot gibt, sodass jeder mit Freude dabei sein kann. Es sollte eine Gemeinde sein mit großem Zusammenhalt, in der man sich gegenseitig unterstützt. So waren die Jugendlichen bereit, für die Senioren Digitalisierungs- und Social-Media-Kurse zu geben. Alle wünschten sich eine Gleichberechtigung von Frauen und Männern in der Kirche, aber auch ein Miteinander von Hauptamtlichen und Ehrenamtlern auf Augenhöhe, so in der Gestaltung der Liturgie, aber auch der Leitung. Es sollte Beschwerdemöglichkeiten geben und die Gemeinde sollte offen sein für Kritik und neue Ideen. Am liebsten würden sie auch den »Priester« oder die »Priesterin« selber anstellen, damit man Einfluss darauf hat, ob der Hauptamtliche zur Gemeinde passt oder nicht. So etwas wie die Familienwerkstatt und das Kirchencafé, was wir jetzt schon haben, war den Firmanden sehr wichtig. Darüber hinaus wünschten sie sich mehr Pfarrfeste, und einmal im Jahr sollte es ein Fest mit allen Religionsgemeinschaften vor Ort geben. Die Ökumene wurde nicht explizit noch einmal genannt, weil sie selbstverständlich für alle ist. Auch die Finanzen waren Thema, so sollte es freiwillige Mitgliederbeiträge geben und es sollte eine Stiftung für die Arbeit in der Gemeinde gegründet werden. Die Kirchensteuer war natürlich auch eingeplant. Außerdem sollte die Gemeinde auf den verschiedenen Social-Media-Plattformen aktiv sein.

Die spannendste Diskussion wurde über die Gottesdienste geführt. Man einigte sich auf einen Gottesdienst um 11 Uhr am Sonntag, der »normal« gestaltet sein sollte, aber auch nicht zu altbacken, sodass sich viele in der Liturgie wiederfinden können. Darüber hinaus sollte es einmal im Monat einen Gottesdienst um 16:30 Uhr am Sonntag geben, der abwechslungsreicher und moderner gestaltet werden sollte. D. h. mit moderner Musik, mit Filmen oder aber auch für bestimmte Zielgruppen wie Jugendliche, Familien etc. Dabei entstand auch die tolle Idee, dass Senioren um 16:30 Uhr die

Kinderbetreuung für Alleinerziehende oder Eltern übernehmen, damit die am Gottesdienst ohne ihre Kinder teilnehmen können.

Am Ende entschieden sich alle für diese Gemeinde und wollten sich darin engagieren. Den höchsten Wert für die Jugendlichen hatte die Toleranz, deren Wichtigkeit von allen herausgestellt wurde. Jeder Mensch sollte so akzeptiert werden, wie er ist, und mitmachen dürfen. Toleranz sollte das Aushängeschild der Gemeinde sein.

Hiphop für die Firmandinnen

Neben der Videokonferenz mit dem Weihbischof gab es gegen Ende der Firmvorbereitung ein weiteres Highlight. Unser Pastoralreferent beschreibt den Event:

Pastoralreferent Thomas Burgmer aus Neuss und Jugendseelsorger Max Moll aus Düsseldorf legten vor Ostern 2021 in unserer Kirche St. Theodor auf. Im Oktober noch optimistisch geplant, wollten wir diesen Event als einen Programmpunkt der Ökumenischen Familienwerkstatt für interessierte Menschen live in der Kirche St. Theodor stattfinden lassen. Thomas und Max sind begeisterte Hiphop-Hörer. Während des ersten Lockdowns kam ihnen die Idee, Hiphop-Musik mit ihrem Glauben zu verbinden. Die Texte sprechen ihnen oft aus der Seele und verleihen ihrem Glauben Ausdruck. So starteten sie kurzerhand mit ihrem Online-Format #aufdemteller. Ein Track, ein Gedanke: zuerst jeden Freitag ab 23 Uhr, mittlerweile einmal im Monat. Sie laden Menschen ein, Hiphop zu hören und ihren Gedanken zu lauschen. Auf der Internetseite www.dasein.info findet man ihre bisherigen Podcasts.

Anfang Februar war schon klar, dass unser geplanter Event nicht mit Besuchern stattfinden konnte, sodass wir auf die

Idee des Live-Streams kamen, was in der jetzigen Zeit eine bewährte Form ist. Zum Thema »Brüche« legten Thomas und Max ihre Platten auf und ließen die Menschen am Bildschirm teilhaben an ihren sehr persönlichen Gedanken. Dank der Lightshow von Titus Kempe und der Kameraführung von Dirk Stangier wurde einiges von der überwältigenden Atmosphäre in St. Theodor eingefangen und in das je eigene Zuhause getragen. Zwischenzeitlich bestand außerdem die Möglichkeit, über *Mentimeter* (eine kostenlose Software) seine eigenen Gedanken anonym mit der Community zu teilen.

Wer an dem Freitag nicht live dabei sein konnte, hat auch jetzt noch die Möglichkeit, den Event auf dem *YouTube*-Kanal der Pfarrgemeinde St. Theodor und St. Elisabeth (www.kkg-hoevi.de) anzuschauen und anzuhören.

Unter dem Thema »Schuld und Versöhnung« hatten die Firmandinnen am darauffolgenden Samstag ein eigenes Programm mit Thomas Burgmer. Dieses #aufdemteller wurde als Videokonferenz geschaltet und kam bei den Firmanden sehr gut an. Die Stunde gab den Jugendlichen die Möglichkeit, sich schon mal mit dem Thema Schuld und Versöhnung auseinanderzusetzen. Es diente zur Vorbereitung auf den Versöhnungstag, der in St. Heribert in Deutz stattfand.

Jung, katholisch und sie brennen

Die sechzehnjährige Firmandin, die den Brief an den Bischof mit zwei anderen formuliert hat, in fünfstündiger Arbeit, war so nett, ihre Gedanken für das in diesem Kapitel eingangs genannte Interview mit Maria 2.0 zusammenzufassen. Ich hoffe sehr, dass ihr Engagement und das der anderen Firmanden nicht enttäuscht wird!

Was heißt es für dich, katholisch zu sein?
Für mich heißt katholisch sein, an einen Gott zu glauben, an den man sich immer wenden kann, vor allem in schwieri-

gen Zeiten. Aber das nicht allein. Katholisch sein bedeutet für mich auch, einer Gemeinschaft anzugehören, in der wir gemeinsam unseren Glauben ausleben. Das auch nicht nur in Gottesdiensten oder Ähnlichem, sondern auch bei diversen Freizeitaktionen, wie beispielsweise Messdienerfahrten, aber auch bei der Firmvorbereitung.

Wie reagieren Gleichaltrige?
Oft ziemlich abweisend. Die meisten fragen: Warum machst du das? Warum gehst du in die Kirche? Für die meisten ist es einfach unverständlich oder sogar Zeitverschwendung, zum Gottesdienst zu gehen. Viele meiner Freunde gehen maximal zweimal im Jahr in die Kirche, an Weihnachten und an Ostern, und das meist auch nur, weil die Eltern das unbedingt wollen. Vor allem momentan, wo die katholische Kirche in jeder zweiten Schlagzeile vertreten ist, wird es für die meisten noch viel unverständlicher, dass ich das gerne mache und mich auch immer noch, wenn nicht sogar noch mehr als vorher, in der Gemeinde engagiere.

Warum lässt du dich firmen?
Ums blöd zu sagen: weil ich gerade am besten Zeit dafür habe und im richtigen Alter für die Firmung bin. Ich mache nächstes Jahr mein Abitur und ich denke, da wollen die wenigsten noch nebenbei die Firmvorbereitung machen. Aber für mich ist klar, dass ich die Firmung auf jeden Fall machen möchte, nicht nur, weil es einfach für mich dazugehört, sondern auch, weil ich als offizielles Mitglied der Kirche angesehen werden möchte und dazu beitragen will, die Kirche zu verändern, wenn nicht sogar zu reformieren. Ich gehöre zu der Generation, für die die Kirche und der Glaube immer kleinere Themen werden, was ich durch die Mitgestaltung der dann hoffentlich »neuen« Kirche ändern möchte. Ein weiterer Grund für mich, zur Firmung zu gehen, ist aber auch, dass ich dadurch die Möglichkeit habe, später vielleicht

einmal selbst Tauf- oder Firmpatin zu werden und somit ein Vorbild für die Menschen sein kann, die mir wichtig sind.

Du warst an einem Brandbrief beteiligt, wo brennt's denn?
Überall brennt's. Momentan vermittelt die katholische Kirche vor allem Intoleranz und Intransparenz. In dem Brief haben wir somit darauf aufmerksam machen wollen, dass das so nicht weitergehen kann und wir uns andere Werte wünschen, die die Kirche vermitteln sollte. Und nicht solche wie die eben genannten ›Werte‹, wie sie es momentan tut.

Die Firmung hatte auch einen ökumenischen Aspekt. An der Vorbereitung nahm auch eine Jugendliche teil, die evangelisch ist. Sie wollte miterleben, was ihre Freundin macht. Die katholische Welt ist ihr allerdings auch vertraut, weil sie bei uns Messdienerin und Sängerin im Jugendchor ist. Bleibt zu fragen, was der Heilige Geist wohl empfunden hat, als sie bei der Sakramentenspendung nicht dabei war. Oder doch, denn immerhin nahm sie als Ministrantin am Gottesdienst teil, ohne selbst das Sakrament zu empfangen.

Manche Leserinnen und Leser fragen sich wahrscheinlich, warum ich so umfangreich die Firmvorbereitung vorstelle.

Der Grund: Ich finde, es ist die entscheidende Chance, jungen Menschen zu vermitteln, wie schön und wertvoll ein Leben aus dem Glauben und in Beziehung zu Christus ist.

Den *Kairos,* also die Herausforderung der Firmung, beschreibt der Religionspädagoge Christian Cebulj von der Hochschule in Chur: »Wenn die Firmvorbereitung als partizipativer Lernprozess gestaltet ist, in dessen Rahmen nicht nur Katechismuswissen gepaukt, sondern in gut subjektorientierter Manier das reale Leben der Jugendlichen in die Planung und Gestaltung des Firmweges einbezogen wird, ist fundamentales Glaubenslernen möglich« (*Herder Korrespondenz* 9/2020, S. 48). Ich denke, dass unser Konzept diesem Anspruch gerecht wird.

Papst Franziskus hat vor der Jugendsynode 2018 gesagt: »Die Jugendlichen kriegen keinen Nobelpreis für Vorsicht. Manchmal reden sie mit Ohrfeigen. Aber man muss ihnen zuhören.« Der Papst riet davon ab, zu sagen, »Das haben wir schon immer so gemacht«. Wörtlich: »Diese Logik, bitte, ist ein süßes Gift, weil es dir die Seele ruhig stellt und einschläfert und dich nicht vorangehen lässt. Verlasst diese Logik und bleibt auf kreative Weise auf dem Boden der wahren christlichen Tradition.«

Noch weiter ging schon 1985 Papst Johannes Paul II. in seiner Botschaft an die Jugend. Er bezeichnete die Kirche als die Jugend der Welt und begründete das so: Die Kirche ist »diejenige, die das besitzt, was die Kraft und den Reiz der jungen Menschen ausmacht: die Fähigkeit, sich über jeden Anfang zu freuen, sich frei zu schenken, sich zu erneuern und zu neuen Eroberungen aufzubrechen«. Wenn ich einmal mutlos bin, denke ich an diese Sätze.

»Ecclesia semper reformanda«, die Kirche muss immer erneuert werden, das ist ein Grundsatz der Theologie. Papst Franziskus bezeichnet die jungen Menschen in seinem Schreiben Christus vivit nach der Jugendsynode im Jahr 2019 als Propheten und Seismografen. Da unsere Kirche in Vingst ja 1992 vom Erdbeben mit dem Epizentrum in Roermond so stark erschüttert worden ist, dass sie abgerissen und neu gebaut werden musste, wissen hier alle, was ein Seismograf ist. So sind uns die frischen Ideen der Firmandinnen Gold wert!

Hanns C., *79 Jahre:*

Ich bin Rentner, fast 80 Jahre alt, so mache ich nicht mehr so viel in der Kirchengemeinde. Als Kommunionhelfer bringe ich jetzt in der Pandemie jede Woche drei alten Menschen die Kommunion nach Hause. Aber das geht ja nicht wie beim Briefträger; an der Haustür abgeben und weg. Wir reden miteinander am Wohnzimmertisch, das ist wichtig, dann zünden wir eine Kerze an, beten zusammen, dann die Kommunion. Das geht nur zusammen, Kommunikation und Kommunion, das sind zwei Hälften vom Ganzen.

Weshalb ich das mache? Schwer zu sagen. Die ehrenamtliche Arbeit, mehr als 40 Jahre, im Pfarrgemeinderat zum Beispiel, die hat mich geprägt, die ist mir in Fleisch und Blut übergegangen. Die hat mir Orientierung gegeben für das gesamte Leben, da gehört alles zusammen, die Familie, die Arbeit im Beruf und das Engagement in der Kirche. Ohne die Gemeinde hätte ich viele Erfahrungen nicht gemacht, und dann wäre ich nicht der, der ich jetzt bin.

In der Beerdigungsbruderschaft begleiten wir Menschen auf dem letzten Weg mit ihren Angehörigen oder auch ohne andere. Oder die Erfahrungen bei der OT, der Offenen Tür für Kinder und Jugendliche bis 18 Jahre. Das Katholische Jugendwerk ist der Träger der OT, wir finanzieren sie. Dadurch komme ich aber auch mit jungen Menschen in Kontakt, die ich sonst, in Familie, Beruf und Freundeskreis, nicht kennenlernen würde. Ich muss der Gemeinde dankbar sein, dass sie mich hat machen und werden lassen. In der Kirche habe ich den Nächsten kennen und schätzen gelernt.

Das kann man dann im Leben nicht mehr auseinandersortieren, was an einer Haltung privat ist, was beruflich und was kirchlich. Alles gehört zusammen. Und das funktioniert auch gut. Wir haben in unserem Betrieb, Garten- und Landschaftsbau, 50 Mitarbeiter. Mein Sohn leitet den jetzt, ich arbeite mit. Da sagt ein Kunde, dem wir den Garten gestalten sollen, er möchte nicht, dass unsere behinderten Mitarbeiter zu ihm in den Garten kommen. Gut, dann kommt eben keiner von uns. Der Kunde ist weg. Aber es gibt viele Menschen, die finden einen Betrieb gut, in dem Behinderte mitarbeiten, und ich glaube, das sind mehr Menschen, als viele denken, und auch, dass es anders als mit einer sozialen Haltung gar nicht geht in der Wirtschaft. Meine Kinder sehen das genauso, da passt kein Blatt Papier zwischen uns. Was das Kirchliche und die Religion angeht: Da ist noch Luft. Aber die müssen mit all den Entwicklungen heute auch erst mal klarkommen, sich orientieren können. Ich habe das meiste hinter mir und kann sagen: Es lebt sich zufrieden mit den Erfahrungen, die ich machen konnte.

Was mir noch unter den Nägeln brennt, ist der Rat von Papst Franziskus: »Geht an die Ränder!« Aber wo sind die Ränder? Bestimmt nicht im Zentrum der Kirche. Ich möchte sie ausloten und finden. Und was ist mit der Frage, die sich jeden Tag neu stellt: Wer ist mein Nächster?

11. Kirche

Anfang 1982 kam ich in meine zweite Kaplanstelle in Pulheim. Im Sommer wollte die KjG ein Ferienlager machen. Mir wurde gesagt: »Wir gucken mal, wie Sie so drauf sind, und stimmen dann ab, ob Sie mitfahren dürfen.« Nach Ostern durfte ich, was mich natürlich sehr erfreut hat. Schon damals galt also, was der BDKJ (Bund der Deutschen Katholischen Jugend, der Dachverband der Jugendverbände) jetzt als sein Motto anpreist: Bei uns entscheidet die Demokratie und nicht der Papst.

Das gilt es auch hintergründig zu verstehen, nicht nur vordergründig. Hätte ich damals gesagt: »Ich bin der Kaplan, für euch sozusagen der Kinderpapst, also fahre ich mit und damit basta«, wäre Vertrauen wohl erst gar nicht entstanden. Der Papst entscheidet ja nicht, was vor Ort geschieht, und der Bischof hoffentlich auch nicht.

Im Rheinland findet man wohl kaum jemanden, der etwas dagegen hat, dass es Papst und Bischof gibt. Die gehören dazu. Und der Erzbischof lässt es sich nicht nehmen, mit dem Dreigestirn zum Papst zu fahren. Oder einen Gottesdienst mit den Karnevalsgesellschaften im Dom zu feiern. Auch der FC ist im Dom willkommen. Hintergründig ist das wohl nicht heilsnotwendig, aber vordergründig sehr schön für viele Menschen.

Im Rheinland findet sich aber auch fast niemand, der nicht meint, dass es wichtig ist, die eigene Sicht der Dinge schildern zu können und das auch vernehmlich zu tun.

Allerdings reicht es aus meiner Sicht nicht aus, demokratisch zu handeln. Tiefgründiger ist der Gedanke der Subsidiarität, der in der Christlichen Soziallehre entwickelt wurde. Er besagt, dass die kleinen Einheiten und Gemeinschaften das regeln und entscheiden sollen, was sie selber können. Die größeren oder übergeordneten Instanzen springen dann ein, wenn es die kleinen nicht schaffen. Das ist ja auch geradezu das Prinzip des BDKJ. Wenn jeder Jugendverband, einige davon nicht so groß, für sich bastelt, ist die Interessenvertretung junger Menschen in Kirche und Gesellschaft kraftlos und schon gar nicht kampagnenfähig.

Mein Motto lautet *op Kölsch*: »*Nix is esu schläch, datt et nitt für jett joot es.*« Nichts ist so schlecht, dass es nicht für etwas gut wäre. Also: Jeder Beitrag zählt. Im Benediktinerorden wird dies im Sinne von Subsidiarität noch zugespitzt. Bei der Versammlung spricht zuerst die oder der Jüngste. Sie bringen ja vielleicht einen Aspekt, auf den die Alteingesessenen nicht mehr kommen können.

Dieser Gedanke lässt sich noch toppen. Jahrelang haben Wissenschaftler untersucht, wie man die Sicherheit von Flugzeugen erhöhen könnte. Wie aktuell das ist, zeigt derzeit die Boing 737 nach zwei Abstürzen. Das Ergebnis der Forschungen: Das größte Sicherheitsrisiko ist der Flugkapitän! Warum? Weil ihm am wenigsten widersprochen wird.

Sicherer wird es erst, wenn die Kommunikation möglichst hierarchiefrei geschieht. Am besten als 360-Grad-Kritik. Wenn also die Reinigungskraft die Maus im Sicherungskasten entdeckt, ist das der entscheidende Aspekt, der Menschenleben rettet. (Auf den Gedanken mit der Maus kam ich, weil wir kürzlich zweimal Marder im Motorraum unserer Kleinbusse hatten.)

Die Managementforschung sagt, dass moderne Leitung Dienen bedeutet. Sich also dafür einzusetzen, die jeweiligen Fähigkeiten der Mitarbeiterinnen und Mitarbeiter zu erkennen und zu fördern. Dann werden die Entscheidungen im Team getroffen. Manche sagen auch, dass alle Entscheidungen besser werden, wenn paritätisch Frauen beteiligt sind. So ist die Frauenquote nicht nur eine Forderung der Gerechtigkeit, sondern auch ein Erfolgsfaktor. Auch die deutschen Bischöfe haben das erkannt und wünschen deutlich mehr Frauen in Leitungspositionen der Kirche. Dass die Deutsche Bischofskonferenz nun zum ersten Mal eine Generalsekretärin hat, ist ein klares Signal.

Aufeinander angewiesen

Einen guten Hinweis gibt die Bibel im ersten Brief an die Korinther. Dort wird die Kirche verglichen mit einem Leib, der viele Glieder hat. Alle sind aufeinander angewiesen. »Das Auge kann nicht zur Hand sagen: Ich brauche dich nicht!, ebenso wenig der Kopf zu den Füßen: Ich brauche euch nicht!« (1 Kor 12,21). Und jetzt kommt der Kick! Gerade die schwächer scheinenden Glieder des Leibes sind unentbehrlich. Warum? »Gott hat bei der Zusammensetzung des Leibes dem Minderbeachteten größere Ehre verliehen, damit im Leib kein Zwiespalt entsteht, sondern alle Glieder einträchtig füreinander sorgen« (1 Kor 12,24 f.).

Die Testfrage in der Gemeinde ist, wie wir mit den Menschen umgehen, die putzen. Bei uns haben wir Glück, denn dies machen ehrenamtlich mehr als 20 »Putzengel«, wie sie sich selber nennen. Sie sind hoch geachtet, denn durch sie ist es nicht nur sauber, sondern rein.

»Mein Amt ist Dienst«, das hören Frau und Mann oft, wenn es in der Kirche darum geht, was Macht bedeutet. Das ist wenig *powerful,* weil es in der Gefahr steht zu verschleiern. Natürlich kann jemand sein oder ihr Amt als Dienst verstehen, also seine oder ihre Macht zum Vorteil anderer einsetzen. Nichts dagegen. Aber wird er oder sie dann davon reden? Oder es einfach tun?!

Am besten ist dabei Deutlichkeit, klare Kante. Ein Beispiel: Bei uns in St. Theodor war der Kölner Männer-Gesang-Verein zu Gast in der Sonntagsmesse. 80 Männer hatten sich bei uns eingeladen und genossen die besondere Akustik der Kirche. Danach gab es sogar Bier im Kirchencafé. Der Präsident des Chores begrüßte mich, den Pfarrer, als »Hausherrn«. Eine gute Vorlage, denn das konnte ich dann in der Predigt über die Musik freundlich korrigieren.

»Hausherr«, wenn man das Wort überhaupt verwenden will, ist in der Kirche der Kirchenvorstand, bei Fragen der Liturgie auch der Pfarrgemeinderat. Der »Chef«, klar, ist der Herrgott im Himmel. Natürlich ist Leitung nötig, direkt zu erkennen am Dirigenten. Ohne Trainerin oder Trainer klappt es auch beim Fußball nicht.

Der Dirigent hat Macht – aber er schafft nichts, wenn er den Chor nicht gewinnt. Fromm ausgedrückt hat es Hans Urs von Balthasar: »Die Wahrheit ist symphonisch.« Jede Stimme und jedes Instrument zählt!

Bei uns bestimmen nicht Einzelne, sondern Gruppen, in denen die Menschen sich treffen, was gemacht wird, wann und wie oft. Ich als Pastor sage gerne: »Bei uns macht es keine Gruppe so, wie ich es machen würde, aber das ist unser Vorteil.« Macht – und die liegt also in den Gruppen und gewählten Gremien – bedeutet Schlüssel, Geld und Ressourcen. Also gibt es bei uns 587 Schlüssel und alle können über Geld verfügen. Also sind alle sparsam, weil alle ja wissen, dass die Pfarrei arm ist und das Geld gespendet wird. Alle können auch die Kleinbusse oder den Pritschenwagen nutzen. Unfälle gibt es kaum, schwere noch nie, bisher nur Lackschäden. Alle wissen ja: Wenn der Bus kaputt ist, gilt: *Fott es fott!* (Was weg ist, ist weg.) Also passen wir auf. Gemeindeeigentum bedeutet also Macht. Und zwar für alle, die etwas machen wollen. »Wer es macht, hat die Macht.«

Es muss passen

Viele Menschen haben leider heutzutage den Eindruck, dass die Welt nicht mehr zu ihnen passt. Zu schnell, zu unübersichtlich, alles digitalisiert. Sie haben den Eindruck, sie kämen gar nicht mehr vor. Sie erfahren keine Resonanz, so formuliert es der Soziologe Hartmut Rosa in seinem gleichnamigen Buch. Oder einfacher ausgedrückt: Sie meinen, keine Heimat zu haben. Da, wo sie sind, passen sie nicht hin.

Der Philosoph Karl Jaspers schreibt: »Heimat ist dort, wo ich verstehe und verstanden werde.« Genau das ist das passende Leben. Wie in dem Spiel für kleine Kinder, in dem verschiedene Formen in passend gestanzte oder gesägte Löcher gesteckt werden. Und wie in dem Spiel kommt es darauf an, für die verschiedenen Begabungen und Naturelle der Menschen passende Lebensformen und Anforderungen in unserer Gesellschaft möglich zu machen.

Also auch einfache Arbeitsplätze zu erhalten. Schließlich sind 7,8 Millionen in Deutschland funktionelle Analphabeten. Genauso ist es wichtig, hochbegabte Kinder zu fördern, damit sie sich nicht dauernd langweilen. Oder für ältere Menschen Formen der Beteiligung am öffentlichen Leben zu erweitern. Es fängt immer im Kleinen an: im Verein, im Betrieb, der Schule oder der Kirchengemeinde. Was passt zu dir oder mir? Was macht dich oder mich glücklich?

Es geht also um Ermächtigung. Macht ausüben, ob als Eltern, Lehrer oder auch Bischöfinnen, bedeutet, den Menschen Resonanz und Selbstwirksamkeit zu ermöglichen. Also Macht teilen, Respekt schenken. Auch um Vergebung bitten. Ob die oder der andere dann Verzeihung schenkt, entscheidet dann sie oder er.

Demokratie wird in der katholischen Kirche immer wichtiger. Die Zahl der Priester nimmt rapide ab, noch können Frauen nicht als Priesterinnen wirken. Also werden in den Gemeinden die gewählten Gremien immer bedeutsamer, bei uns in Nordrhein-Westfalen die Pfarrgemeinderäte und Kirchenvorstände. Darin entscheiden Frauen und Männer über das Leben in den Pfarreien; bei uns übrigens in beiden Gremien jeweils halbe/halbe: Frauen und Männer. Sowohl Kirchenvorstand wie Pfarrgemeinderat leiten bei uns jeweils ein Laie, nicht der Pfarrer. »Laie« kommt vom griechischen Wort *laos:* einer, eine aus dem Volk Gottes.

Nur gemeinsam sind wir stark. Das gilt bei uns auch ökumenisch. Ohne die intensive Zusammenarbeit mit der evangelischen Gemeinde könnten wir nicht das Sternsingen durchführen, das in der Pandemie leider ausfallen musste. Unsere Kinderstadt in den Sommerferien geht nur gemeinsam, genauso unsere ökumenische Familienwerkstatt mit jährlich über 100 Angeboten von der Krabbelgruppe bis zur Dichterlesung. Unser Kaplan ist die evangelische Jugendleiterin, denn katholische Kapläne gibt es kaum noch.

Mitten in der Kirchenkrise hat unser Kölner Erzbischof Rainer Maria Woelki in seinem Wort zur Fastenzeit prägnant formuliert, worauf es bei der Kommunikation in der Kirche ankommt: »Ich habe mir für die Fastenzeit vorgenommen, mir darüber Gedanken zu machen, wie wir in Zukunft miteinander reden können. Wie wir in Gemeinschaft bleiben, auch wenn wir gegensätzlicher Meinung sind. Ich möchte Menschen noch mehr zuhören.«

Diese Worte brachte sogar die Kölner Boulevardzeitung *Express* als Zitat, zwei Wochen vorher fuhr sie noch schweres Geschütz auf, als ein Kommentator formulierte: »Wie sonst nur Clanchefs verfügen die Kirchenoberen über ein eigenes Recht.« Dies macht die Spannung deutlich, in der die Menschen auf die Kirche schauen. Zum Glück haben die deutschen Bischöfe entschieden, sich um eine Verwaltungsgerichtsbarkeit in der Kirche zu bemühen, damit gilt: von wegen Clan!

Befreiend wirkt hier ein Wort unseres Papstes Franziskus: »Die Kirche hat am Pfingsttag begonnen. An diesem Tag hat sie sich für kulturelle Vielfalt entschieden.« Ganz traditionell gilt also der gut katholische Grundsatz: *et – et*, nicht *aut – aut*. Sowohl als auch, nicht entweder oder!

Für die Leute

»Ich bin för de Lück do«, so übersetzte der legendäre Kölner Kardinal Joseph Frings selber seinen Wahlspruch als Bischof. Auf Hochdeutsch: Ich bin für die Menschen bestimmt. Auf seinem Bischofswappen prangte das natürlich in Latein: *»Pro Hominibus constitutus«*. Mit dieser Haltung wurde der Kardinal durch das »fringsen« berühmt. Er schaute aus der Perspektive der Gläubigen auf die Welt, nicht aus der eines Fürstbischofs. Deshalb ist er bis heute im Rheinland beliebt als »Leutebischof«. So wie man hier auch von »Leutepriestern« spricht.

Es geschah im Jahr 1946 zu Köln. Nach dem schrecklichen Krieg haben die Menschen gehungert und gefroren in der Winterzeit. Jeder versuchte, irgendwie etwas zum Essen und zum Heizen zu finden. Es gab Lebensmittelmarken, aber die reichten vorne und hinten nicht aus. Viele Städter sind aufs Land zu den Bauern gefahren und haben gegen Lebensmittel getauscht, was sie noch hatten: Uhren, Schmuck, Bettwäsche – es ging ums Überleben.

Was die Menschen dann von den Bauern bekamen, musste oft auch noch geschmuggelt werden zwischen der englischen, französischen und amerikanischen Zone und durch viele Kontrollen. Denn das Rheinland war »Trizonesien«, also in drei Zonen der Besatzer aufgeteilt. Im Osten war die russische Zone als vierte. Meine Oma hat mir viel aus dieser Zeit erzählt. Spannend fand ich als Kind, dass manche Frauen innen auf ihrem Unterrock kleine Fächer aufgenäht hatten, in denen sie Lebensmittel versteckten. Was, wenn es Butter war? Ist die nicht ausgelaufen, weil sie warm wurde? Nein, sagte die Oma, die Züge waren kaum beheizt.

Kohle, um zu heizen, nahmen sich die Menschen von den Güterzügen weg, die das Heizmaterial zu den Besatzungsmächten fuhren. Die Lokführer fuhren oft extra langsam, damit die frierenden Menschen auf die Züge klettern und sich etwas nehmen konnten. Das war natürlich sehr gefährlich.

Viele fragten sich: Dürfen wir das, Kohle stehlen, Lebensmittel schmuggeln? Oder ist das eine Sünde gegen das siebte Gebot Gottes, »Du sollst nicht stehlen«?

Da kam ihnen Kardinal Frings in seiner Predigt an Silvester 1946 zu Hilfe. Er hielt sie nicht im Kölner Dom, sondern in der Kirche St. Engelbert in Köln-Riehl, von den Menschen wegen ihrer modernen Form auch »Zitronenpresse« genannt. Der Kardinal ging also mitten unter die Menschen. Er sagte: »Wir leben in Zeiten, da in der Not auch der Einzelne das wird nehmen dürfen, was er zur Erhaltung seines Leben und seiner Gesundheit notwendig hat, wenn er es auf andere Weise, durch seine Arbeit oder Bitten, nicht erlangen kann.« Dieses Wort verbreitete sich in Windeseile in ganz Deutschland. Die Menschen nannten den Mundraub, wie es strafrechtlich damals hieß, nun »fringsen«. Etwas wegnehmen, um zu überleben. Diese Predigt machte den Kardinal berühmt.

Was kann uns das heute sagen, im Wohlstand? Wir sollten umgekehrt fringsen. Also nichts wegnehmen und stehlen, sondern denen gegeben, die in Not sind.

»Fringsen« kann auch als Hinweis dienen jetzt in der Pandemie und sogar in der Kirchenkrise. Denn unser Papst Franziskus bringt ja das Bild der Kirche als »Feldlazarett«, die also dort wirken soll, wo die Menschen »auf dem Fliegenfänger kleben«. Eine Kirche, die wie Jesus von den Mühseligen und Beladenen her denkt.

Religion für die Menschen

Eben habe ich die Kurzpredigt für den Wochentagsgottesdienst vorbereitet. Im Evangelium kommt die Zahl 38 vor, die nur einmal in der Bibel genannt wird. Für ein Kirchenquiz sicherlich eine 250 000-Euro-Frage: Wo wird diese Zahl genannt? Es ist der Gelähmte im 5. Kapitel des Johannesevangeliums, der so lange schon darauf wartet, dass ihm jemand hilft. Niemand hilft ihm in den Teich Betesda, von dessen Wasser er sich Heilung erhofft – so ähnlich wie in den Bädern in Lourdes. Als Jesus ihn fragt: »Willst du gesund werden?«, sagt er den schrecklichen Satz: Ich habe keinen Menschen, der mir hilft. Und das seit 38 Jahren! Natürlich hilft ihm Jesus. Auch am Sabbat. Und mit Risiko, denn in Vers 16 heißt es lapidar: »Darauf verfolgten die Juden Jesus, weil er das an einem Sabbat getan hatte.«

Diese kleine Geschichte der Bibel bringt auf den Punkt, was gute und was schlechte Religion ausmacht. Was steht an erster Stelle, die Verhaltensregeln religiöser Art oder die Not eines Menschen? Jesus hat eine klare Meinung: »Der Sabbat ist um des Menschen willen gemacht und nicht der Mensch um des Sabbats willen. Darum ist der Menschensohn Herr auch über den Sabbat« (Mk 2,27). Natürlich hat Jesus nichts gegen den Sabbat, in Kafarnaum liest er an einem dieser besonderen Tage aus der Schrift und lehrt. »Da staunten sie über seine Lehre; denn er lehrte sie wie einer, der Macht hat, und nicht wie die Schriftgelehrten« (Mk 1,22). Der Evangelist verkneift sich hier nicht die Kritik an den Religionsgelehrten damals.

Schon als Zwölfjähriger macht Jesus seinen Eltern große Sorgen, als er einfach im Tempel bleibt bei der Rückreise vom Paschafest. Drei Tage lang suchen ihn seine Eltern Maria und Josef. Derweil macht Jesus großen Eindruck mitten unter den Lehrenden im Tempel. Er hört nicht nur zu, er stellt auch Fragen. »Alle, die ihn hörten, staunten über seine Einsicht und über seine Antworten« (Lk 2,47).

Modern ausgedrückt, geht es hier um die religiöse Sozialisation Jesu. Offensichtlich gewinnt er ein enormes Glaubenswissen als Grundlage seines späteren Wirkens für die Menschen. Er will ja auch nicht die Gebote aufheben, außer wenn sie den Menschen schaden. Dass die Eltern ihn verzweifelt suchen müssen, macht die Geschichte zur Story für Kinder und Jugendliche.

Bei uns haben zwei Jungs aus dem Kindergarten Ähnliches bewirkt. Sie holten eine kleine Leiter aus dem Keller der Kita, um den Griff zu erreichen, der oben an der Haustür nur für Erwachsene gedacht ist. Auf und davon! Die Erzieherinnen fanden die Leiter, die Kinder nicht mehr. Sogleich riefen sie die Polizei und machten sich selber auf die Suche. Zum Glück hatten schon Anwohner vor dem Supermarkt die *Pänz* entdeckt und festgehalten. Länger dauerte es, als eine junge Frau in der Pubertät von zu Hause abhaute. Die Eltern waren in Ordnung, aber irgendetwas klemmte. Wir haben zwei Tage gesucht, nicht ganz so lange wie Maria und Josef.

Bei Jesus ist noch eine Frage offen. Woher hat er die Vollmacht, die der Evangelist Markus beschreibt? Natürlich von seinem Vater in der Kraft des Heiligen Geistes. Bei seiner Taufe durch Johannes den Täufer öffnet sich der Himmel, Jesus sieht den Geist Gottes wie eine Taube auf sich herabkommen. »Und eine Stimme aus dem Himmel sprach: Dies ist mein geliebter Sohn, an dem ich Wohlgefallen habe« (Mt 3,17).

Doch hat er Vollmacht nicht auch durch die Menschen, denen er hilft und die er lehrt? In seiner Heimatstadt Nazareth sind die Menschen skeptisch. Der ist doch einer von hier, woher soll er diese Weisheit und Fähigkeit haben, Wunder zu tun? Sie nehmen Anstoß und lehnen Jesus ab. Dann kommt der berühmte Satz: »Nirgends wird ein Prophet verachtet außer in seiner Vaterstadt und in seinem Haus« (Mt 13,57). Die Folge: »Und er wirkte dort nicht viele Machttaten wegen ihres Unglaubens« (Mt 13,58). Oft sagt Jesus zu den Menschen, die er heilt: »Dein Glaube hat dir geholfen.« Es ist dies sicherlich der Glaube an Gott, aber eben auch das Gespür, dass Jesus diesen ausstrahlt. Er ist ja sozusagen ein wandelndes »Feldlazarett«, um das Bild von Papst Franziskus wieder aufzugreifen. Dieses Spital wird dort errichtet, wo Menschen in Not sind, und wenn es 38 Jahre waren und mit keiner Heilung mehr zu rechnen ist. Wir wissen heute, wie wichtig der Glaube kranker Menschen an die Möglichkeit der Heilung ist. Manche Wissenschaftlerinnen und Wissenschaftler meinen sogar, der sei ebenso wichtig wie die ärztliche Kunst.

Der tschechische Theologe und Schriftsteller Tomáš Halík hat zu Beginn der Pandemie einen Essay geschrieben mit dem Titel: *Christentum in Zeiten der Krankheit.* Darin greift er das Bild von Papst Franziskus vom Feldlazarett auf. Er schreibt: »In Katastrophen-Zeiten suche ich nicht einen Gott, der wie ein zorniger Regisseur sich hinter die Bühne unserer Welt gesetzt hat, sondern ich nehme ihn als Kraftquelle wahr, die in denen wirkt, die in solchen Situationen eine solidarische und aufopfernde Liebe erweisen.« Dieses Wort passt zu Jesus, aber ebenso zu den vielen, die als Krankenschwestern oder Pfleger tätig sind, oder zu den Angehörigen, die bis zur Erschöpfung ihre Kranken zu Hause pflegen.

Einen wichtigen Schritt zu dieser Haltung machte Papst Franziskus selbst, als er in der Fastenzeit 2020 beim außerordentlichen Segen *»Urbi et Orbi«* für eine Stadt und eine Welt in Not allein im Regen auf dem leeren Petersplatz in Rom stand und sagte: »Uns wurde klar, dass wir alle im selben Boot sitzen, alle schwach und orientierungslos.« Damit bezog er das Gleichnis vom Sturm auf dem See auf die Situation in der Pandemie. Dieses Bekenntnis der Machtlosigkeit stärkte die Autorität des Papstes.

Den Moment wahrnehmen

Der Religionsphilosoph Tomáš Halík nimmt kein Blatt vor den Mund. Auf *katholisch.de* äußert er sich zur Kirchenkrise: »Die Kirche hat wichtige Momente, den *kairos,* schon zu oft verspielt. Im 19. Jahrhundert hat sie die Arbeiterklasse verloren; dann viele Intellektuelle durch ihren einseitigen Antimodernismus; die Jugend in den 1960er Jahren durch die panische Reaktion auf die ›sexuelle Revolution‹. Jetzt sehe ich die Gefahr, die Frauen zu verlieren.«

Was tun? Überzeugend ist für mich Walter Kardinal Kasper mit seinem Blick auf die Kirche: »Keiner kann alles, und nicht jeder kann jedes, alles können nur alle sein und die Einheit aller nur ein Ganzes. Das ist die Idee der Katholischen Kirche« (*FAZ*, 15.4.2020, S. 11). Zur Erklärung fügt er hinzu, warum das heute anschlussfähig ist: »Wer sich in der gegenwärtigen philosophischen Diskussion etwas umgesehen hat, weiß, dass dieses Kriterium des Konsenses nicht nur diskurs- und anschlussfähig ist an das moderne und postmoderne Denken, sondern zugleich ein Friedensprojekt sein kann in einer aus den Fugen geratenen Welt.« Dies gilt laut Kasper auch für das Lehramt der Kirche: »Es soll anhand dieser Kriterien seine Entscheidungen erklären und zeigen, dass und wie sie im Evangelium begründete befreiende frohe Botschaft sind, [und dass es] im Licht des Glaubens gern seine vernunftgemäße Zustimmung gibt.«

Bevor er Papst wurde, hat Kardinal Jorge Bergoglio eine Ansprache beim Konklave 2013 zur Wahl des neuen Papstes gehalten, der er dann selber wurde. Vielleicht war die Rede mit ein Grund dafür. Er sagte: »Es gibt nur zwei Kirchenbilder: die Kirche, die das Evangelium verkündet und aus sich herausgeht, die Gottes Wort in religiöser Ergebenheit hört und treu verkündet, oder die verweltlichte Kirche, die in sich, von sich und für sich lebt.« Hier beschreibt der Papst die Haltung und Aufgabe der Kirche, die er später als »an die Ränder gehen« bezeichnet.

Doch was ist mit den Inhalten? Die einen meinen, nur das Festhalten an der Tradition, die Bewahrung des *»depositum fidei«*, wörtlich: des »niedergelegten Glaubens«, würde der Evangelisierung dienen, die der Papst anmahnt. Die andern meinen, nur die Aufnahme der Fragen und Nöte der Menschen, das Denken von ihnen her könne die Kirche erneuern. Dieses Dilemma hat in der *Tagespost*, der katholischen Wochenzeitung konservativer Ausrichtung, sehr gut Giuseppe Gracia, von 2011 bis 2021 Pressesprecher des Schweizer Bistums Chur, beschrieben (11.3.2021, S. 22): »Es ist kein Kommunikationsproblem, sondern geht tiefer. Ein Richtungsstreit innerhalb der Kirche ganz generell. Die progressive Seite denkt: ›Wir stärken die Liebe und verbessern die Gesellschaft, wenn wir das Evangelium und die Lehre der Kirche vom Standpunkt der Gegenwartskultur her infrage stellen.‹ Die traditionsverbundene Seite denkt: ›Wir stärken die Liebe und verbessern die Gesellschaft, wenn wir die Gegenwartskultur infrage stellen, vom Standpunkt des Evangeliums und der Lehre der Kirche aus.‹ Zwischen diesen beiden Sichtweisen liegen Welten!«

Was kann man tun, damit sich diese Positionen produktiv begegnen?

Erstens gilt es wahrzunehmen, dass beide Positionen das gleiche Ziel anstreben: Liebe stärken und Gesellschaft verbessern.

Zweitens gilt es zu erinnern, dass das katholische Grundprinzip immer das *et – et*, nicht *aut – aut* war. Das gilt ja auch für Christus selbst: Er ist ganz Gott und ganz Mensch.

Drittens gilt es daran zu denken, dass die Kirche den Schatz des Glaubens immer weiter und auch immer neu entdeckt und deshalb stimmt: *»ecclesia semper reformanda«*, die Kirche ist immer zu erneuern. Die Aussagen des Zweiten Vatikanischen Konzils zur Glaubensfreiheit, zur Demokratie oder zu den nichtchristlichen Religionen zeigen: Die Gestalt der Kirche hat sich deutlich entwickelt und damit verändert. Die normalen Gläubigen entdeckten, dass die Kirche ihre Gewissensfreiheit achtet, und freuen sich darüber.

Und sie bewegt sich

Einige Entwicklungen aus der allerletzten Zeit belegen, dass sich die Kirche immer (noch) weiterentwickelt. Die Vaterunser-Bitte »und führe uns nicht in Versuchung« hat schon viele Menschen verstört. Auch den Papst, der meint, ein liebender Vater helfe doch beim Aufstehen, nicht beim Hinfallen. So schlägt er eine neue Formulierung vor: »überlasse uns nicht der Versuchung«. In anderen Ländern, etwa in Frankreich, wurde die Idee des Papstes schon umgesetzt, bei uns in Deutschland leider noch nicht.

Schwerwiegender an Bedeutung ist vielleicht, dass endlich die Rechtfertigung der Todesstrafe gänzlich im Katechismus gestrichen wurde. Und in seinem Schreiben *Fratelli tutti* von 2020 setzt sich der Papst deutlich von der alten kirchlichen Lehre vom »gerechten Krieg« ab: »Nie wieder Krieg« (FT 258). Jede Art von Waffenhandel ist abzulehnen, es gibt eine Pflicht zur Abschaffung der Atomwaffen.

Das ist starker Tobak und zeigt die kompromisslose Friedensethik des Papstes Franziskus. Er ist Pazifist. Wer hätte noch vor zehn Jahren gedacht, dass die Kirche sich in diese Richtung bewegt?!

Allerdings hatte schon Joseph Kardinal Höffner Atomkraft und Atomwaffen äußerst kritisch betrachtet. Er war ja nicht nur Erzbischof von Köln, sondern ein Sozialethiker von weltweiter Bedeutung. Für die Verwendung der Atomkraft forderte er eine hundertprozentige Sicherheit, die es aber für ein Menschenwerk nie geben könne. Heute wissen wir, wie recht er hatte, und haben uns in Deutschland von der Nutzung der Atomenergie verabschiedet.

Auch scheinbar kleine Veränderungen sollte man nicht unterschätzen. Anfang 2021 hat der Papst das Kirchenrecht geändert und etwas erlaubt, wovon die allermeisten wohl gar nicht wussten, dass es verboten war: Frauen dürfen den Lektoren- und Akolythendienst im Gottesdienst übernehmen, also die Lesung vorlesen und die Heilige Eucharistie verteilen. Bis kurz nach dem Zweiten Vatikanischen Konzil durften das nur die Priester, für diese Aufgaben gab es die sogenannten »niederen Weihen« vor der Diakonen- und Priesterweihe. Papst Paul VI. schaffte die ab, es gibt jetzt nur noch die Weihen zu Diakon, Priester und Bischof. In der Liturgie der Kirche übernahmen die (je nach Gemeindepraxis mehr oder manchmal auch weniger männlichen) Laiendienste ihre Rollen.

Jetzt: Ein kleiner Schritt zur Geschlechtergerechtigkeit, ein »Gänsefüßchen«. Der Papst schreibt aber immerhin, dass sich die Kirche in dieser Frage weiterentwickelt habe. Für die Frauen der Bewegung Maria 2.0 sicher nur eine Schneckenbewegung, wenn überhaupt. Aber immerhin gilt auch: Steter Tropfen höhlt den Stein. So kann vielleicht der Synodale Weg in Deutschland Ideen entwickeln, die in Rom Beachtung finden.

Im März 2021 haben die Frauen von Maria 2.0 sieben Thesen an vielen Kirchentüren in Deutschland befestigt. So auch an unseren beiden Kirchen. Diesen Thesenanschlag gilt es sehr ernst zu nehmen, denn es sind die engagierten Frauen aus der Mitte der Kirche, die sich hier äußern. Die Thesen vom Plakat sind wegen ihrer Wichtigkeit hier aufgenommen. So können Sie überlegen, welchen Forderungen Sie sich anschließen möchten:

1. **In unserer Kirche** haben alle Menschen Zugang zu allen Ämtern.
   Denn Menschenrechte und Grundgesetz garantieren allen Menschen gleiche Rechte – nur die katholische Kirche ignoriert das. Mannsein begründet heute Sonderrechte in der Kirche.
   #gerecht: gleiche Würde – gleiche Rechte
2. **In unserer Kirche** haben alle teil am Sendungsauftrag; Macht wird geteilt.
   Denn der Klerikalismus ist heute eines der Grundprobleme der katholischen Kirche und fördert den Machtmissbrauch mit all seinen menschenunwürdigen Facetten.
   #partizipativ: gemeinsame Verantwortung
3. **In unserer Kirche** werden Taten sexualisierter Gewalt umfassend aufgeklärt und Verantwortliche zur Rechenschaft gezogen. Ursachen werden konsequent bekämpft.
   Denn viel zu lange schon ist die katholische Kirche ein Tatort sexueller Gewalt. Kirchliche Machthaber halten immer noch Informationen zu solchen Gewaltverbrechen unter Verschluss und stehlen sich aus der Verantwortung.
   #glaubwürdig: respektvoller Umgang und Transparenz
4. **Unsere Kirche** zeigt eine wertschätzende Haltung und Anerkennung gegenüber selbstbestimmter achtsamer Sexualität und Partnerschaft.
   Denn die offiziell gelehrte Sexualmoral ist lebensfremd und diskriminierend. Sie orientiert sich nicht am christlichen

Menschenbild und wird von der Mehrheit der Gläubigen nicht mehr ernst genommen.

#bunt: leben in gelingenden Beziehungen

5. **In unserer Kirche** ist die zölibatäre Lebensform keine Voraussetzung für die Ausübung des Weiheamtes.

   Denn die Zölibatsverpflichtung hindert Menschen daran, ihrer Berufung zu folgen. Wer diese Pflicht nicht einhalten kann, lebt oft hinter Scheinfassaden und wird in existentielle Krisen gestürzt.

   #lebensnah: ohne Pflichtzölibat

6. **Unsere Kirche** wirtschaftet nach christlichen Prinzipien. Sie ist Verwalterin des ihr anvertrauten Vermögens; es gehört ihr nicht.

   Denn Prunk, dubiose Finanztransaktionen und persönliche Bereicherung kirchlicher Entscheidungsträger haben das Vertrauen in die Kirche tiefgreifend erschüttert und schwinden lassen.

   #verantwortungsvoll: nachhaltiges Wirtschaften

7. **Unser Auftrag** ist die Botschaft Jesu Christi. Wir handeln danach und stellen uns dem gesellschaftlichen Diskurs.

   Denn die Kirchenleitung hat ihre Glaubwürdigkeit verspielt. Sie schafft es nicht, sich überzeugend Gehör zu verschaffen und sich im Sinne des Evangeliums für eine gerechte Welt einzusetzen.

   #relevant: für Menschen, Gesellschaft und Umwelt

Die Frage der Gleichwertigkeit aller Menschen ist ja auch für die Firmandinnen und Firmanden eine zentrale Forderung, wie im langen Kapitel zur Firmvorbereitung zu lesen war. Zu vermitteln, dass das Priesteramt nur Männern zugänglich sein soll, ist bei Jüngeren annähernd unmöglich. Der Weihbischof, der ansonsten im Gespräch mit ihnen eine sehr gute Figur gemacht hat, startete ja den Versuch, als er die Kirche als »Stiftung« zum Vergleich nahm. Versuch gescheitert. Das Argument, die Jünger seien ja nur Männer gewesen, ist einfach zu platt. Und die theologisch durchaus tiefgründige Gegenüberstellung von Braut und Bräutigam in Christus und Kirche verlangt eine umfängliche poetologische Erfahrung, um überhaupt verstanden zu werden.

»In der Gefahr ist das Rettende nahe« – was könnte die Frauen davon abhalten, der Kirche den Rücken zuzukehren? Aus meiner Sicht ein Blick auf das Grundrauschen in der Kirche. Alles Männerbündlerische, ob zwischen Priestern oder in einem Kirchenvorstand, in dem die Frauen nur Staffage sein sollen, gehört im Wortsinn auf den Misthaufen der Kirchengeschichte.

Wir haben in HöVi Glück, sowohl Kirchenvorstand wie Pfarrgemeinderat sind gleichberechtigt mit Frauen und Männern besetzt. Vor allem sind auch jüngere Menschen dabei. Und wir leben mit dieser praktizierten Gleichwertigkeit der Menschen sehr gut.

Die Evangelisierung, also die Weitergabe des Glaubens, gestalten deutlich mehr Frauen als Männer! Die Katechetinnen der Erstkommunion sind bei uns ausnahmslos Frauen. Als einziger Mann bin ich dabei. Bei der Firmvorbereitung sind ebenso die jungen Erwachsenen, welche die Katechese machen, Frauen. Der einzige Mann ist der Pastoralreferent.

Der Papst betont oft das synodale Element in der Kirche. Das bedeutet den Abschied von einsamen Entscheidungen alter Männer. Das bedeutet zum einen Partizipation und Demokratie, zum anderen aber Achtung vor einem Amt des Papstes und der Bischöfe, das sich in den Dienst der Einheit stellt und Subsidiarität lebt, also nicht alles regeln will. Wie in der Wissenschaft kann in der Religion nicht alles demokratisch laufen. Denn wie in der Wissenschaft durch Forschung und Experimente bewiesene Erkenntnisse und Fakten Mehrheitsmeinungen überbieten, so glauben die Angehörigen einer Religion, dass es darin Wahrheiten gibt, die nicht nur aus menschlichen Hirnen und Bäuchen stammen.

Sehr spannend finde ich, was die Demokratieforscherin Hedwig Richter herausgefunden hat. Deswegen nun ein Zitat aus einem Interview mit ihr in der *Herder Korrespondenz* 1/2021:

Richter: Die Haltung der katholischen Kirche zu Demokratisierungsprozessen war stark von ihrem Umfeld abhängig. Wenn sie in der Minderheit war, hat sie sich eher für Grundrechte und Demokratie eingesetzt, als wenn sie eine hegemoniale Stellung innehatte. Beim Frauenwahlrecht beispielsweise nahm sie durchaus eine führende Rolle ein, wenn sie sich davon Vorteile erhoffen konnte. Insofern unterscheidet sich die katholische Kirche im politischen Feld gar nicht so sehr von anderen Bewegungen.

Haben Sie ein Beispiel?

Richter: Im Kaiserreich hat die katholische Partei, das Zentrum, eher die Demokratisierungstendenzen bestärkt. In den Reichstagswahlen und im Parlament spielte das Zentrum trotz der Unterdrückungen Bismarcks eine immer wichtigere Rolle. Als während des Ersten Weltkriegs die vollständige Parlamentarisierung begann, gehörten die Katholiken mit der Sozialdemokratie und den Liberalen zu jenen Kräften, die Demokratisierungsprozesse vorangetrieben – und dann entscheidend die deutsche Demokratie geprägt haben. Es gelang dem Zentrum, den großen Anteil der katholischen Bevölkerung in den politischen Prozess und in die Demokratisierung einzubeziehen.

Die Kinder in den Himmel

Wie die Frage der Gerechtigkeit schleichend die Lehre der Kirche verändert hat, zeigt die Geschichte des *»Limbus«*, die ich hier, weil es für das Verständnis von der (Un-)Veränderbarkeit der kirchlichen Lehre von großer Bedeutung ist, noch einmal kurz skizzieren möchte (ich habe in *Glaube, Gott und Currywurst* bereits darauf hingewiesen): Der *Limbus* ist ein spezieller Ort, an den ungetaufte Kinder kommen, wenn sie sterben. Die Kirche sah die Taufe als heilsnotwendig an, lange galt der Grundsatz: »*extra ecclesiam nulla salus*«, außerhalb der Kirche kein Heil, also war die Taufe in die katholische Kirche hinein der einzige Zugang des Menschen zum Himmel. Das letzte Konzil hat das geändert und weiß auch Menschen, die nicht Christen sind, im ewigen Leben bei Gott. Der Katechismus von 1993 formuliert später: »Jeder Mensch, der ohne das Evangelium Christi und seine Kirche zu kennen nach der Wahrheit sucht und Gottes Willen tut, soweit er ihn kennt, kann gerettet werden. Man darf annehmen, dass solche Menschen ausdrücklich die Taufe gewünscht hätten, falls ihnen deren Notwendigkeit bewusst gewesen wäre« (Nr. 1260). Das klingt nach »Hätte, hätte, Fahradkette« in den Ohren der meisten Menschen.

Im Limbus geht es darum, dass ungetaufte Kinder, auch nach der Lehre des Katechismus von 1993, nicht in den Himmel kommen können, weil die Taufe heilsnotwendig ist. So heißt es bedauernd in Nr. 1261: »Was die ohne Taufe verstorbenen Kinder betrifft, kann die Kirche sie nur der Barmherzigkeit Gottes anvertrauen, wie sie dies im entsprechenden Begräbnisritus tut.« Immerhin sollten die Kinder würdig, menschlich und christlich bestattet werden.

Wie verbreitet die Vorstellung war, dass ungetaufte Kinder nicht in den Himmel kommen, zeigt sich auch bei mir. Ich wurde vor 70 Jahren natürlich im Krankenhaus direkt nach der Geburt getauft, damit nur nichts passiert, etwa ein plötzlicher Kindstod. Früher hat man manchmal sogar Kinder noch im Mutterleib per Spritze getauft, um ihnen den Himmel zu öffnen. Ich weiß vermutlich, was jetzt die meisten von Ihnen denken, und ich kann Ihnen sagen: Ganz falsch liegen Sie nicht. Keine Zeit in der Geschichte, auch unsere nicht, ist allerdings davor gefeit, mit angestrengtem Nachdenken der Klügsten, ehrlichem Streben nach Wahrheit, gutem Willen und außerdem noch Frömmigkeit doch Dummes und obendrein Schlimmes anzustellen.

Als bei uns in HöVi ein Kind durch plötzlichen Kindstod am ersten Tag seines Lebens sterben musste, obwohl sogar die Hebamme dabei war und sofort professionell mit Wiederbelebung begonnen hatte, wurde die Taufe des toten Kindes für die Familie zur Erfahrung von Heil. Vorher hatte eine Sternenkinder-Fotografin, die wie alle in dieser Bewegung ehrenamtlich tätig ist, traumhafte Bilder des Sternenkindes gemacht. Die Eltern haben selber ihrem Kind das Taufwasser über den Kopf gegossen, während allen die Tränen liefen. Wenn es Gott gibt, dann war er zugegen.

Zurück zum *Limbus*. Der große Theologe Thomas von Aquin (1225–1274) brütete über das Problem der ungetauften Kinder. Was ist, wenn ein Kind in der Wüste geboren wird und kein Wasser da ist, um es zu taufen? Und wenn es dann stirbt? Er suchte und suchte nach einer Lösung, fand aber keine und war traurig. Die Geschichte habe ich unseren Kommunionkindern erzählt. Und siehe da: Kindermund tut Wahrheit kund. Ein Kind hatte sogleich die Lösung parat: »Dann kann man doch mit Spucke taufen.« Achthundert Jahre früher diese Antwort und Thomas wäre nicht an der Gnade Gottes verzweifelt.

Wie geht die Geschichte gut aus? Durch Vergessen. Kurz nach seiner Wahl lässt Papst Benedikt eine Theologenkommission die Sache untersuchen und kommt zum Schluss, dass die Existenz eines *Limbus* nie zur offiziellen Lehrmeinung der Kirche gehörte und es sich lediglich um eine theologische Meinung handle. Das Gerechtigkeitsempfinden des Volkes Gottes hatte sich durchgesetzt, schleichend und ohne Gewalt. Denn wer kann sich heute noch vorstellen, dass der Herrgott jenem Kind, von dem ich oben berichtete, nicht persönlich die Himmelstür öffnet?!

Dafür gibt es auch einen alten Satz der Theologie: *Vox populi vox Dei*. Die Stimme des Volkes ist die Stimme Gottes. Was für die ungetauften Kinder mit Sicherheit stimmt.

Marliese G.-W., *82 Jahre:*

Als ich 2008 in den Kirchenvorstand gewählt wurde, hatte ich keine Ahnung, was genau meine Aufgabe ist. Das änderte sich schnell, als ich mit ganz anderen Augen durch die Kirche und die dazugehörigen Räumlichkeiten, Jugendhaus, Pfarrsaal ging. Beim näheren Hinschauen kam mir manche Staub- und Schmutzwolke entgegen. Die Idee, eine Putzgruppe zu gründen, war geboren. Der erste Aufruf bzw. die Einladung zum gemeinsamen Putzen war sensationell. Es kamen ca. 30 Leute aus der Gemeinde und waren voller Tatendrang. Auch Pfarrer Meurer, der damals noch Zeit hatte, machte fleißig mit. Bald kristallisierte sich eine Gruppe von ca. 25 Leuten heraus. Es kamen mal mehr, mal weniger. Jeder sollte die Freiheit haben, da zu sein oder auch nicht.

Schon bald bekam die Gruppe einen Namen: »*De Putzengele*«, die dann regelmäßig alle vier bis sechs Wochen St. Theodor und St. Elisabeth im Wechsel reinigten. In St. Theodor hatten wir allerdings ein Problem mit den 14 Meter hohen Glaswänden. Hier half uns die Innung des Gebäudereiniger-Handwerks Köln-Aachen, die mit einer Hebebühne die Reinigung übernommen hat.

Wir, *De Putzengele,* wurden aber auch belohnt. 2010 flogen wir, dank der finanziellen Unterstützung von Weihbischof Melzer und Pfarrer Meurer, für fünf Tage zu einer Wallfahrt nach Lourdes. Es war für alle ein unvergessliches Erlebnis und beflügelte uns, die beiden Kirchen weiterhin zu reinigen. Die *Putzengele* wuchsen zu einer geselligen Gruppe zusammen und die Kontakte werden bis heute regelmäßig gepflegt – Corona ausgenommen. Auch das Kulinarische kommt nicht zu kurz. An jedem Putztag bereiten zwei bis drei Leute das gemeinsame Frühstück vor. Alle nehmen um 10:30 Uhr daran teil. Seit einem Jahr fehlen wegen Corona die Arbeit, die Unterhaltung, das Lachen und die Gemeinsamkeit.

Guido R., *51 Jahre:*

Im Grunde hatte ich großes Glück: Ich bin seinerzeit in einer Neusser Gemeinde aufgewachsen, die engagiert und progressiv war. In der sich Menschen entsprechend ihrer Fähigkeiten und Charismen engagieren konnten. So auch ich. Es wurden Offenheit, Akzeptanz und Wertschätzung gepredigt und gelebt. Da spielte es nicht immer eine Rolle, welche Meldungen gerade aus Köln oder Rom kamen.

Darin und damit gelang es mir seit meinem 16. Lebensjahr, als ich merkte, dass ich schwul bin, eine tragfähige Meinung und widerstandsfähige innere Haltung zu entwickeln, der die kirchlichen sexualmoralischen Äußerungen nichts anhaben konnten. Und seinerzeit gab es etliche Bischöfe, die nicht müde darin wurden, menschenverachtende und homosexuellenfeindliche Äußerungen zu tätigen. Hier seien beispielhaft Herr Ratzinger, Herr Dyba und Herr Meisner genannt. Das machte mir nichts aus. Ich blieb gläubig, standhaft und kirchentreu. Mein Suchen führte mich gar in eine Ordensgemeinschaft, in der ich immerhin vier Jahre gelebt habe. Die Entscheidung einzutreten fühlte sich ähnlich gut und richtig an wie später die Entscheidung, wieder auszutreten.

Mein Weg zurück nach Köln führte mich nach Höhenberg und somit in die Gemeinde St. Theodor/St. Elisabeth. Hier fühle ich mich willkommen und wie zu Hause, hier engagiere ich mich. Im Mai 2019 aber wurde meine Seelenhaut rissig, als Berichte über Vorträge des Priesterseminarleiters in Bonn zum Thema Homosexualität publik wurden. Unverzüglich wurden Regenbogenfahnen vor unseren Kirchen gehisst. Das hat mich sehr getröstet. Ich blieb weiterhin kirchentreu.

Doch nach dem zurückliegenden Jahr 2020 und den ersten Monaten 2021 kann ich kein Mitglied der öffentlich-rechtlichen Institution römisch-katholische Kirche mehr sein: Zurückhaltung des Missbrauchsgutachtens, Vertuschungsverdacht, Missbrauch des Betroffenenbeirats, Abschaltung der Kölner

KHG-Homepage mit Entfernung eines modernen Positions-
papiers, Pseudopartizipation am pastoralen Zukunftsweg des
Erzbistums und schließlich das Nein aus Rom zur Segnung von
homosexuellen Paaren. Ich gehe! Ich habe keine Luft und keine
Lust mehr. Nach 35 Jahren standhaften, inneren Entgegenstem-
mens fehlen mir Kraft und Motivation. Meiner Gemeinde aber
bleibe ich treu! Ganz nach dem Motto von Jürgen Becker: »Kirche gut. Klerus schlecht.«

Friedrich R., *20 Jahre:*
*Lieber Friedrich, warum hast du dich mit 14 Jahren bei uns in
St. Theodor taufen lassen?*
Meine Eltern wollten mir die freie Wahl lassen, mit der Religions-
mündigkeit sollte ich selbst entscheiden. In der Grundschule
war ich im katholischen Religionsunterricht, im Gymnasium
dann auch.

*Warum wolltest du vor sechs Jahren die Taufe öffentlich im Sonn-
tagsgottesdienst empfangen?*
Weil sie die Aufnahme in die Gemeinschaft ist.

*Kurze Zeit später wurdest du Messdiener und bist es bis heute. In
der Pandemie dienst du jeden Sonntag zusammen mit einer jungen Frau; mehr Ministranten sind leider nicht möglich. Warum
machst du das noch?*
Weil es mein Engagement in der Gemeinde ist. Gerne bilde ich
nach der Pandemie auch wieder Kinder für den Ministranten-
dienst aus.

Bist du konservativ im Glauben?
Ich würde mich nicht als konservativ bezeichnen. Aber ein Festhalten an Traditionen ist nichts Schlechtes. Ohne die Tradition
zu vergessen, müssen wir nach vorne blicken.

Friedrich R.

Du hast den Pastor kritisiert, als er sich im Kölner Wahlkampf öffentlich für einen Oberbürgermeisterkandidaten ausgesprochen hat. Warum?

Mich hat gestört, dass er die Position als Pfarrer dafür benutzt hat.

12. Vertrauen

»Vertrauen führt« war vor kurzem das Motto des Weltwirtschafts-
forums in Davos. Nur eine Planwirtschaft kann darauf vielleicht
teilweise verzichten und auf das Lenin zugesprochene Wort setzen:
»Vertrauen ist gut, Kontrolle ist besser.«

Wie Vertrauen führt, zeigten die Tarifverhandlungen in der Me-
tall- und Elektroindustrie im Frühjahr 2021. Als Mitglied der Gewerkschaft seit bald 40 Jahren interessiert mich natürlich, was da
abgeht. Solange es die noch gab, war ich in der Gewerkschaft HBV,
Handel, Banken und Versicherungen. Nach dem Zusammenschluss
von Gewerkschaften bin ich in ver.di, Vereinigte Dienstleistungsge-
werkschaft. Die wenigen Mitglieder aus den Kirchen passen hier am
besten rein.

Gewerkschaften genießen in der christlichen Soziallehre und in
den sozialen Schreiben der Päpste ein hohes Ansehen: Ist doch die
Arbeit hier nicht nur ein Grundrecht, sondern sogar ein Grundwert
wie das Leben. Das II. Vaticanum schreibt: »Die Arbeit ist unmit-
telbarer Ausfluss der menschlichen Person«. Oder schon Papst Pius
XII.: »Der Mensch ist zur Arbeit geboren wie der Vogel zum Flug.«

Papst Johannes Paul II. formuliert 1981 in seiner bedeutenden
Enzyklika *Laborem exercens* über die menschliche Arbeit: »Man
darf die Produktionsmittel nicht gegen die Arbeit besitzen; man
darf sie auch nicht um des Besitzes willen besitzen, weil das einzige
Motiv, das ihren Besitz rechtfertigt, […] dies ist, der Arbeit zu dienen« (Nr.14). Zwei Jahre später herrschte bei uns in Deutschland die
erste spürbare Arbeitslosigkeit nach dem Weltkrieg. Kardinal Joseph
Höffner verfasste dazu einen Hirtenbrief. Er schreibt: »Die Arbeit ist
›Teilnahme am Werk des Schöpfers‹. Wie der Mensch Bild Gottes

ist, so ist die vernunftlose Schöpfung ›Spur Gottes‹.« Papst Johannes Paul II. ging sogar noch etwas weiter, als er formulierte: »Durch seine Arbeit ist der Mensch in gewisser Weise sogar Mitschöpfer der Welt.« So etwas sagt am besten der Papst, damit es keine dogmatischen Probleme gibt.

Die Vorenthaltung des verdienten Arbeitslohnes gilt in der Bibel als eine von vier himmelschreienden Sünden. Die drei andern sind der vorsätzliche Mord, Sodomie und die Benachteiligung der Armen, Witwen und Waisen. Also formuliert der Katechismus der Katholischen Kirche in Nr. 2434: »Der gerechte Lohn ist die rechtmäßige Frucht der Arbeit. Ihn zu verweigern oder zurückzubehalten ist eine schwere Ungerechtigkeit. Zur Berechnung des gerechten Entgelts sind sowohl die Bedürfnisse als auch die Leistungen eines jeden zu berücksichtigen.«

Um herauszubekommen, was der gerechte Lohn ist, werden in Deutschland die Tarifverhandlungen zwischen Arbeitgebern und -nehmern geführt. Nebenbei: Man könnte die Begriffe auch vertauschen, denn der Arbeitende gibt doch seine Arbeit, und der Unternehmer nimmt sie. Wenn ich in den letzten Jahren die Mai-Rede bei der Kundgebung des DGB übernommen hatte in Speyer, Wissen oder in Betzdorf, war dieses kleine Wortspiel gut für die Stimmung. 2021 kam die Einladung zur Rede aus Lüdinghausen, wegen Corona klappte es nicht.

»Die gewerkschaftlichen Organisationen, die ihr je besonderes Ziel im Dienst des Gemeinwohls verfolgen, sind ein konstruktiver Faktor der sozialen Ordnung und der Solidarität und damit ein unverzichtbarer Bestandteil des gesellschaftlichen Lebens. Die Anerkennung der Rechte der Arbeit stellt schon immer ein schwer lösbares Problem dar, weil sie sich innerhalb vielschichtiger historischer und institutioneller Prozesse vollzieht, und man kann sagen, dass sie noch heute nicht abgeschlossen ist. Das macht eine echte Solidaritätspraxis unter den Arbeitnehmern heute aktueller und notwendiger denn je.« Dieses Zitat ist aus dem Kompendium der Soziallehre der Kirche, herausgegeben im Jahr 2004 vom Päpstlichen Rat für Gerechtigkeit und Frieden. Es fasst die Sicht der Kirche auf die Gewerkschaften zusammen und zeigt ihre Hochachtung. Wer sich für die Christliche Soziallehre interessiert, dem sei dieses Buch wärmstens empfohlen. Auf Deutsch erschien es im Verlag Herder, ist allerdings nur noch antiquarisch zu erhalten. Alternativ findet man es auch online in einem übersichtlichen PDF-Dokument. Einfacher findet niemand zur Lehre der Kirche in allen Fragen des sozialen Lebens.

Die Tarifautonomie, in der Arbeitgeber und Arbeitnehmer gemeinsam unterwegs sind, verwirklicht das Prinzip der Hermeneutik (der Lehre vom Verstehen), die Papst Franziskus in seiner Enzyklika *Fratelli tutti* über die Geschwisterlichkeit von 2020 hervorhebt: »Der echte Dialog innerhalb der Gesellschaft setzt die Fähigkeit voraus, den Standpunkt des anderen zu respektieren und zu akzeptieren, dass er möglicherweise gerechtfertigte Überzeugungen oder Interessen enthält. Schon von seinem personalen Sein her hat der andere etwas beizutragen, und es ist wünschenswert, dass er seine eigene Position vertieft und darlegt, damit die öffentliche Debatte noch umfassender wird« (Nr. 203).

Da der Papst ja für klare Kante steht, sagt er es auch kürzer: »Nichts ist verloren, wenn man den Dialog wirklich praktiziert.«

Aber zurück zum Arbeitskampf im Frühjahr 2021. Die Verhandlungen dauerten vier Monate. Vier Wochen lang rief die Industriegewerkschaft Metall zu Streiks auf. Zum Instrument des Streiks formuliert der Katechismus der Katholischen Kirche unter Nr. 2435: »Streik ist sittlich berechtigt, wenn er ein unvermeidliches, ja notwendiges Mittel zu einem angemessenen Nutzen darstellt. Er wird sittlich unannehmbar, wenn er von Gewalttätigkeiten begleitet ist oder wenn man mit ihm Ziele verfolgt, die nicht direkt mit den Arbeitsbedingungen zusammenhängen oder die dem Gemeinwohl widersprechen.«

Daran haben sich die Streiks im Frühjahr natürlich gehalten; Trillerpfeifen sind Lärm auf die Ohren, aber nicht Gewalttätigkeiten.

Die Stärke der Sozialpartnerschaft hat sich noch vor Ostern gezeigt. Im Kern haben beide Seiten die Realität akzeptiert. Die da lautet mit den Worten des IG-Metall-Verhandlungsführers Jörg Hofmann: »Faire Verteilung der Krisenfolgen in einer der schwersten Krisen«. Natürlich ist die Pandemie ein Krisenfaktor für die 3,8 Millionen Beschäftigten in der Metall- und Elektroindustrie. Aber ebenso der technologische Wandel, man denke nur an die Autoindustrie. Es gibt mit dem Tarifabschluss eine »Coronabeihilfe« von 500 Euro für die Beschäftigten. Vor allem gibt es etwas Neues, ein »Transformationsgeld«. Dieses kann von Betrieben, denen es schlecht geht, auch in Freizeit umgewandelt werden, wenn Betriebsrat wie Unternehmensleitung dies vereinbaren. So können Arbeitsplätze erhalten werden. Wie in der Finanzkrise vor einigen Jahren bewährt sich die Sozialpartnerschaft.

All dies funktionierte nur, weil Vertrauen zueinander gewachsen war. Vielleicht auch, weil gilt: »Not hilft vertrauen«, um das alte Sprichwort »Not hilft beten« abzuwandeln. Und auch, weil der Grundsatz der Tarifautonomie zu fairen Verhandlungen nötigt; der rechtliche Rahmen war also gesteckt. Der Staat legt nicht die Löhne fest, bietet aber den Rahmen des Rechts.

Der Leitartikler der *Frankfurter Allgemeinen Zeitung* goss am 31.3.21 zwar nicht Wasser in den Wein des Tarifabschlusses, schloss aber mit einem nachdenklichen Gedanken: »Diese Art der Zusammenarbeit ist empfindlich, weil sich das nötige Vertrauen auf beiden Seiten viel leichter zerstören als aufbauen lässt. Besteht es aber, dann bietet es gerade in den Unwägbarkeiten einer Krise für alle Beteiligten mehr Schutz und Sicherheit als jedes zusätzliche Regelwerk.«

An die eigenen Regeln halten

Warum habe ich die Rolle der Gewerkschaften und den Arbeitskampf im Frühjahr so ausführlich betrachtet?

Weil es hier Hinweise gibt für die Überwindung der Vertrauenskrise in der Kirche. Meine Grundthese ist: Wenn die Kirche sich in ihrem eigenen Bereich an das hält, was sie Wirtschaft und Gesellschaft in ihrer Soziallehre vorschlägt, dann kann es klappen, Vertrauen zu gewinnen. Vertrauen ist ja immer ein Geschenk; man kann es weder kaufen noch herstellen.

Der Tarifabschluss zeigt Subsidiarität. Was im Betrieb getan werden muss, wird dort zwischen Betriebsrat und Firmenleitung entschieden. Übrigens war vor der Pandemie die IG Metall die Gewerkschaft im Deutschen Gewerkschaftsbund, die tatsächlich steigende Mitgliederzahlen hatte, weil sie, statt auf Funktionäre zu setzen, wieder stark an der Basis, in den Betrieben wirkte. Allein das ist doch ein tolles Vorbild für die Kirche, denn die Musik spielt in den Gemeinden.

Der Tarifabschluss hat geklappt, weil die Regeln klar waren. Also gilt die Tarifautonomie, aus der sich der Staat und hoffentlich auch die Politiker raushalten. In der Kirche sind die Regelwerke derzeit im Schwimmen. Wie viel an Hierarchie akzeptieren die Christgläubigen? Das Buch *Abschied von Hochwürden* von Josef Othmar Zöller ist immerhin aus der Mitte des fünften Jahrzehnts des vergangenen Jahrhunderts. Muss nicht für die Kirche gelten, was jetzt in der Pandemie in der Wirtschaftswissenschaft diskutiert wird: »Hierarchie muss vielleicht sein, aber dann bitte hierarchiefreie Kommunikation« (*SZ*, 20./21.3.2021, S. 20). Dass diese Botschaft angekommen ist, zeigt der Kölner Kardinal Rainer Woelki in seinem Fastenhirtenbrief 2021: »Wir brauchen das offene Gespräch und ein ehrliches Abwägen der Sachverhalte und Notwendigkeiten, bevor wir die Entscheidungen etwa zur Pfarreireform endgültig treffen. Das möchte ich Ihnen hiermit zusagen.« Ähnliche Worte sind vielleicht auch bei den Tarifverhandlungen gefallen.

Der Tarifabschluss hat geklappt, weil allen klar war, dass es nicht so weitergehen kann wie bisher. Wirtschaftlich war das in der Pandemie und angesichts der technologischen Entwicklung klar. Für die Kirche hat es unser Erzbischof genauso ausgedrückt. Den Menschen in den Gemeinden ist das eh bewusst, erleben sie doch, dass ein reges Gemeindeleben und eine würdige Gottesdienstkultur nicht mehr vom Pfarrer abhängen, sondern vom Engagement der Gläubigen. Wenn der Pfarrer mitzieht, umso besser. Wenn nicht, steht er bald einsam auf weiter Flur.

Vielleicht kann man die Sache mit dem Vertrauen auch einfacher angehen. In einer Predigt hatte ich das Thema mit dem simplen Vergleich angesprochen, dass Autofahren auf Vertrauen basiert: dass sich nämlich möglichst viele an die Regeln halten, zum Beispiel vor der Ampel. Das hat unseren Kantor nachdrücklich beeindruckt, wie er mir noch nach Jahren mehrfach sagte.

Für mich als notorischen Fahrradfahrer muss dies unbedingt auf den Radverkehr ausgeweitet werden. Hier passieren ja schreckliche Unfälle, wenn die Regeln nicht beachtet werden. Etwa wenn die Autofahrer die Tür einfach öffnen, weil sie nicht den sogenannten holländischen Griff gelernt haben, die Fahrertür mit der rechten Hand zu öffnen, und damit automatisch nach hinten zu schauen.

Auch sollte dies jede und jeder individuell anpassen und verschärfen. So trinke ich zum Beispiel keinen Tropfen Alkohol, wenn ich mit dem Rad unterwegs bin. Als Autofahrer eh nicht. Ein Bier wäre ja vielleicht drin, aber dann vermiest doch die Lust auf das zweite die Stimmung. Also zero.

Vertrauensaufbau durch klare Regeln und Instrumente: Anders geht es nicht, denn Vertrauen kann ja niemand einfordern. Man kann es wohl nur durch viele Taten geschenkt bekommen. Wie Adolph Kolping schon vor hundertfünfzig Jahren wusste: »Die Tat, nicht das Wort ziert den Mann.« »Mann« war hier sicher generisch gemeint. Wenn die Damen unserer Putzengele oder der Kinderkammer einen Ausflug machen, sagen sie auch: »Wir fahren mit zwanzig Mann«, obwohl kein Mann dabei ist.

Wer lieber ein anderes Wort von Kolping möchte, hier ein weiteres: »Tätige Liebe heilt alle Wunden, bloße Worte mehren nur den Schmerz.«

Ein Mini-Gedicht des Lyrikers Markus Roentgen lautet:

»Viel geht, wenn Vertrauen geht«.

Als ich es zum ersten Mal las, habe ich gar nicht kapiert, dass es positiv wie negativ zu lesen ist. Ich habe nur verstanden, dass viel möglich ist, wenn es Vertrauen gibt. Die negative Sicht gilt sicherlich für den Missbrauchskandal, der durch die Initiative von Jesuitenpater und Schulleiter Klaus Mertes ab 2010 nach und nach aufgedeckt wurde. Zuerst galt er als Nestbeschmutzer, jetzt überreichte ihm der Bundespräsident persönlich das Bundesverdienstkreuz.

Jörg Wolke, *evangelischer Pastor in Vingst-Neubrück-Höhenberg:*

Miteinander

Mich ausgerechnet jetzt, im April 2021, um schöne Worte zu unserem Miteinander vor Ort zu bitten, ist eine echte Herausforderung für mich. Zwei aktuelle Probleme machen es mir schwer, darauf kurz und eng auf unsere Situation geschaut zu antworten:

1. Der Stimmungstöter Corona, der seit einem Jahr faktisch all unsere Zusammenarbeit, wie wir sie gewohnt sind, ausgesetzt hat und auch unser Großprojekt HöVi-Land schon im letzten Jahr für unsere Verhältnisse zu einer Schrumpfversion hat werden lassen. Und wie es in diesem Jahr sein wird, weiß noch niemand verlässlich.

2. Und ausgerechnet in diese Zeit fällt die Auseinandersetzung im Erzbistum Köln um die Aufarbeitung der Fälle von sexueller Gewalt an Kindern durch Priester. Alle Aufmerksamkeit für »die Kirche« konzentriert sich auf dieses Fiasko. Und es gibt wenig differenzierte Auseinandersetzung damit, die speziellen Bedingungen in der römisch-katholischen Kirche werden kaum thematisiert, es ist ein Skandal »der Kirche« und ich bin als evangelischer Gemeindepastor in der Situation, dass mir Menschen sagen, sie treten aus der (evangelischen) Kirche aus, weil sie sich so über Kardinal Woelki ärgern. Da schwillt mir schon der Kamm vor Wut. Und ich muss dann auch noch damit leben, dass sein Name so ähnlich klingt wie meiner.

Deshalb muss ich, bevor ich schöne Worte machen kann, erst auf diese Auseinandersetzung eingehen, auch wenn sie unsere direkte Zusammenarbeit vor Ort als »Störfeuer von außen« berührt.

Sexuelle Gewalt an Kindern

Dass Kinder sexueller Gewalt ausgesetzt sind, ist ein gesamtgesellschaftliches Problem, wie die Fälle von Lügde, Münster und Bergisch-Gladbach auf erschreckende Art zeigen. Es ist weder ein spezielles Problem der römisch-katholischen Kirche noch der Kirchen an sich.

Trotzdem gibt es strukturelle Gegebenheiten in der römisch-katholischen Kirche, die besonders sind und die es so eben in keiner anderen Kirche gibt. Und sie sorgen dafür, dass die Aufarbeitung dieser Fälle von sexueller Gewalt an Kindern, und es geht dabei ausschließlich um die Fälle, die von Priestern verschuldet sind, so schlecht verläuft. Und das sind zwei Grundsäulen der römisch-katholischen Kirche, ohne die sie, so sagt sie, nicht Kirche sein könne:

1. Der Aufbau der römisch-katholischen Kirche weltweit als letzte Institution mit absolutistischer Hierarchie, die von einer reinen Männerriege geleitet wird, die sich durch die Priesterweihe und die darauf aufbauenden Weihen definiert. Das bedeutet gleichzeitig, die Mitglieder der Gremien, die über den Umgang mit diesen Straftaten entscheiden, gehören alle zu dem Berufsstand der Täter, sind sozusagen die Interessenvertretung der Täter. Das schließt von vornherein eine unvoreingenommene Aufklärung aus.

2. Zusätzlich müssen diese Männer, um ihren Beruf ausüben zu dürfen, zölibatär leben. Und das heißt nach dem Verständnis der römisch-katholischen Kirche nicht nur, dass sie Ehelosigkeit geloben müssen, sondern auch Enthaltsamkeit. Da die Sexualität aber zum Menschen gehört wie das Bedürfnis zu essen, zu trinken, zu schlafen oder aufs Klo zu gehen, schafft ein erzwungener Verzicht darauf auf Dauer einen Leidensdruck, mit dem eben nicht jeder Mann verantwortlich umgehen kann. Erzwungener Schlafentzug macht auch nicht glücklich, das wird man niemandem einreden können.

Hinzu kommt, dass diese Zwangsverpflichtung zum Zölibat für solche Männer eine willkommene Fluchtmöglichkeit schafft, die eh ein ungeklärtes Verhältnis zu ihrer Sexualität haben, die die ewigen Fragen ihrer Mütter, Tanten und Omas leid sind: »Hast du denn immer noch keine Freundin?«, und im Priesteramt die Möglichkeit finden, dem zu entkommen und auch noch einen ehrenvollen Dienst zu tun. Das unterstelle ich nicht allen Priestern, aber die Verlockung ist da. Und das traue ich mich deshalb so ungeschützt zu sagen, weil ich selbst homosexuell bin und die quälenden Prozesse kenne, die nötig sind, um in einer heterosexuell dominierten Welt einen lebbaren, eigenen Weg zu finden.

Und wenn dann noch dazu kommt, dass diese Kirche gleichzeitig überhaupt nur die in der Ehe gelebte Heterosexualität als praktizierte Sexualität duldet und alles andere zur unverzeihlichen Sünde erklärt, wird der Reiz dieser »ehrenvollen Flucht«, die jede Erklärung und Klärung erspart, nur umso größer.

Die Möglichkeit, bei Problemen mit der eigenen Sexualität die Hilfe der eigenen Kirche zu suchen, gibt es faktisch nicht. Denn alles, was nicht der geforderten Norm entspricht, zieht Strafmaßnahmen nach sich. Will Mann also im gewählten Beruf bleiben, bleibt ihm nur, sich der sehr engen Norm zu unterwerfen und zu sehen, wie er klarkommt. Das gelingt eben nicht immer. Und die anvertrauten Kinder werden zu Opfern in diesem System, weil sie in der schwächsten Rolle sind.

Dieses System ist ein Teufelskreislauf, der nur gebrochen wird, wenn er aufgebrochen wird. Und das macht das System nicht selbst, wie es seit Jahren eindrücklich unter Beweis stellt.

Gefordert ist hier die deutsche Gesetzgebung, die seit Jahren untätig zuschaut und selbst Schuld auf sich lädt. Es muss Schluss sein damit, dass das gültige Beamtenrecht in Verbindung mit dem den Kirchen zugestandenen sogenannten »dritten Weg« diese interne Bearbeitung in der Kirche zulässt. Dienstvorgesetzte, die Kenntnis über Straftaten ihrer Beamten, und in diesem Fall geht es aus den dargelegten Gründen nur um Männer, bekommen, müssen zur Strafanzeige bei den zuständigen Strafermittlungsbehörden gezwungen sein, oder sie machen sich selbst der Strafvereitelung im Amt schuldig. Und damit wäre jeder Bischof straffällig, der nicht umgehend Anzeige erstattet, nicht in Rom, sondern bei der zuständigen Staatsanwaltschaft.

Wenn es wirklich um den Schutz der Kinder gehen soll und nicht um den Schutz der Kirche, wird es Zeit, dass unsere Bundesjustizministerin aktiv wird.

Unser Zusammensein vor Ort

Das für mich Traurige ist, dass ich nicht unbeschwert dem sehr freundschaftlichen Wunsch meines geschätzten römisch-katholischen Kollegen vor Ort nachkommen kann, ohne diese Ausführungen zu machen. Denn die öffentliche Diskussion ist inzwischen so aufgeheizt und schlägt auch auf unseren Alltag und unsere Arbeit zurück, weil alles, was wir machen, unter Generalverdacht steht. Jedes Engagement in kirchlichen Strukturen, so der unterschwellige Vorwurf, unterstützt letztlich dieses System, das die sexuelle Gewalt an Kindern zulässt. Und dann kommen noch die immer neu betonte Homophobie und die Weigerung, Frauen in die Weiheämter zu lassen, dazu. Und deshalb könne die einzig richtige Konsequenz nur sein, den Kirchen den Rücken zu kehren. Denn da werden wir in der evangelischen Kirche mit in den Topf gepackt.

Deshalb ist es eigentlich ein Wunder, dass bei uns immer noch so viele Menschen bereit sind, mit uns tätig zu werden. Und es ist geradezu zwangsläufig, dass wir alles, was irgend geht, auf ökumenische Beine stellen. Denn wenn wir glaubhaft vermitteln wollen, dass die bessere Welt Jesu durch einen liebevollen Umgang miteinander geprägt ist, können wir nicht gleichzeitig sehr lieblos die konfessionellen Grenzen wichtiger nehmen als das gemeinsame Handeln.

»Es gibt nichts Gutes, außer man tut es!«, hat Erich Kästner geschrieben. Und er hat recht. Und die manchmal geradezu witzige Verwirrung, die daraus entsteht, bügeln wir mit gelassener Gegenseitigkeit aus.

So passiert es immer wieder, wenn ich mit dem Hund unterwegs bin, dass Eltern mich ansprechen, weil sie ihre Kinder taufen lassen wollen. Aus Erfahrung frage ich dann schon, ob sie die Kinder evangelisch oder katholisch taufen lassen möchten.

»Ja, katholisch natürlich, wir sind ja katholisch.«

»Dann müssen Sie sich aber an Pfarrer Meurer wenden.«

»Können Sie das denn nicht in der katholischen Kirche machen? Sie kennen wir besser.«

»Nee, leider nicht, ich bin nun mal evangelischer Pastor.«

»Aber das ist doch alles Kirche!«

Wie recht die Menschen haben! Und das eigentliche Problem ist tatsächlich nicht deren Unwissenheit, sondern unsere konfessionelle (Haar-)Spalterei. Und nach allem, was ich vorher breit geschildert habe, habe ich natürlich gute Gründe, evangelischer Pastor zu sein und nicht römisch-katholischer. Das ändert aber alles nichts an dem grundsätzlichen Scheitern von uns christlichen Kirchen, nicht zu einer gemeinsamen Struktur zu finden, die es allen Menschen möglich macht, sich als Christen verstehen zu können, ohne sich zwangsläufig zwischen römisch-katholisch, evangelisch, orthodox, baptistisch, methodistisch, neuapostolisch, altkatholisch usw. entscheiden zu müssen. Es ist ein grundsätzliches Versagen, für das wir als Kirchenvertreter uns einmal werden verantworten müssen. Und deshalb ist es gut, dass wir hier vor Ort nur wichtig nehmen, was wir nicht umgehen können, alles andere aber ignorieren. Bei unseren vielen gemischt-konfessionellen Familien ergibt es sich von selbst, dass bei Sterbefällen die Angehörigen den Geistlichen ansprechen, zu dem sie den besseren Kontakt haben. Es ist gut, dass mein Kollege und ich uns völlig einig sind, dass wir dann nicht lange rumdiskutieren, ob die oder der Verstorbene jetzt katholisch oder evangelisch war. Wir begleiten die Menschen so, wie es für sie das Beste ist.

Und wenn unsere gemischt-konfessionellen Paare in unsere Gottesdienste kommen, werden wir ganz bestimmt nicht nach Mitgliedschaft entscheiden, wer wo zur Eucharistie oder zum Abendmahl gehen darf. Jesus lädt ein. Und wer die Einladung annimmt, ist willkommen. Und über den Rest entscheiden nicht wir, sondern Gott selbst. Und da ist es auch am besten aufgehoben.

Menschen sind verschieden, glauben verschieden und leben ihren Glauben verschieden. Das ist so und ist auch richtig so. Falsch ist, wenn wir daraus ein Kriterium für eine Trennung machen, die das Liebesgebot Jesu zerstört. Ich bin deshalb froh, dass wir hier bei aller Unterschiedlichkeit gemeinsam möglich machen, was nur irgend geht. Es ist nicht nur praktischer, optimiert nicht nur den Einsatz der Ressourcen, macht alles nicht nur billiger. Es ist der einzig vernünftige Weg, die Liebe Jesu glaubhaft zu leben. Und dazu gehört genauso selbstverständlich, dass wir nicht exklusiv für die Mitglieder unserer Kirchen da sind, sondern für alle Menschen, mit denen wir hier leben. Gottes Welt kennt nur Menschen.

Vielleicht hilft uns dabei, dass viele Menschen in unseren Stadtteilen wenig Geld haben und deshalb mit wirklichen Problemen des alltäglichen (Über-)Lebens beschäftigt sind. Da ist keine Zeit, sich mit den kirchlich so wichtig genommenen Fragen zu befassen, ob es für den Herrgott nicht eine Zumutung ist, wenn aufrechte protestantische Frauen und Männer am römisch-katholischen Altar an der Eucharistie teilnehmen, weil dann – ja, was eigentlich droht? Fürchten die Kirchenfürsten, dass dann die Kirchendächer einstürzen und die Protest-Tanten und -Onkels erschlagen werden? Und natürlich nur die!

»Zur Freiheit hat uns Christus befreit! So steht nun fest und lasst euch nicht wieder das Joch der Knechtschaft auflegen!« (Paulus im Galaterbrief 5,1)

Und so nehmen wir uns die Freiheit, nicht nur wie Asterix und Obelix zu denken: »Die spinnen, die Römer!« Sondern wir wissen auch, der Erzbischof wohnt auf der anderen Rheinseite und da in Köln alle Rheinbrücken baufällig sind, wird er da auch bleiben. Und unsere evangelische Kirchenleitung sitzt eh in der für Kölner unaussprechlichen Stadt und hat hier sozusagen Hausverbot. Es ist nicht das Schlechteste, wie dieses kleine, aufmüpfige, gallische Dorf die Dinge einfach in die eigene Hand zu nehmen und dabei sowohl kirchlichen Krampf wie auch gesellschaftliche Totalverweigerung gegenüber den Kirchen nicht zu akzeptieren. Es braucht dazu nicht einmal einen Zaubertrank, sondern »nur« den festen Glauben, dass wir mit Jesus alles überwinden können, was unserem friedlichen Zusammenleben im Wege steht. Deshalb halten wir nicht nur einfach aus, sondern wir tun, was möglich ist. Wie gesagt: »Es gibt nichts Gutes, außer man tut es!«

13. Missbrauch

70 – 1670 – 3677. Diese Zahlen nennt die MHG-Studie 2018 zu Fällen sexueller Gewalt in der katholischen Kirche in Deutschland. In 70 Jahren haben 1670 Priester an 3677 Menschen Schlimmes getan. Inzwischen zeigen die nachfolgenden Untersuchungen in manchen Bistümern, dass dies wohl nur die Spitze des Eisbergs ist. Nach den schrecklichen Berichten aus den USA und aus Irland ist auch bei uns in Deutschland klar, dass es so nicht weitergehen kann und darf.

Der Bischof von Münster, Felix Genn, hat mit Deutlichkeit gesagt, dass der Klerikalismus den Missbrauch begünstigt. Solange die Kleriker, also Bischöfe, Priester und Diakone, viel Macht in der Kirche haben, sieht es nicht gut aus. Papst Franziskus betont das ja oft: Nur eine arme Kirche ist den Menschen dienlich. Und das bedeutet auch: arm an Macht. Es ist also sehr gut, dass die Fakten auf den Tisch kommen.

Nun gilt es, diese Fragen zu bearbeiten, wie es im Synodalen Weg geschieht:

- Tut es der Kirche gut, wenn nur Männer die Ämter innehaben?
- Wäre es besser, wenn Frauen mehr Einfluss hätten?
- Kann es mit dem Pflichtzölibat, der Ehelosigkeit für alle Priester, auf Dauer klappen?

Diese Fragen darf man aus meiner Sicht nicht vorschnell mit der Aufarbeitung der sexuellen Gewalt in der Kirche vermischen! Natürlich gilt es aber auch, mögliche Zusammenhänge aufzudecken. Also genau hingucken! So dringend die Aufarbeitung des Missbrauchs ist, so schädlich wären schnelle, aber falsche Antworten.

Man kann zum Beispiel nicht einfach behaupten, der Zölibat sei schuld am Missbrauch und seiner Vertuschung. Genauso wenig haben aber auch die einfach recht, die jede Begünstigung von Missbrauch durch den Pflichtzölibat von vornherein ausschließen. Da können die längst festgefahrenen Positionen Pro und Contra den klaren Blick trüben. Weder kann der Zölibat der wesentliche Grund für die Verbrechen sein, das beweist das Missbrauchsproblem auch in der evangelischen Kirche und anderswo. Noch darf man Aussagen von Psychotherapeuten und Sexualforschern überhören, die in ihrer Praxis ganz nah an Täter und Opfer herankommen.

Der Theologe und Psychotherapeut Wunibald Müller sagt: »Zwischen der Priesterweihe und dem ersten Übergriff vergehen in der Regel zehn bis fünfzehn Jahre. Man kann sagen, dass die Einsamkeit und der Mangel an Intimität diese Priester in besonderer Weise anfällig machen für sexuelle Übergriffe.« Ist deshalb also der Zölibat die Hauptursache für Übergriffe? »Nein«, sagt Müller, »der Zölibat zieht aber einen bestimmten Typ an. Oft sind es Männer, die unfähig sind, eine intime Beziehung einzugehen. Die müssen sich dann nicht mehr dafür entschuldigen. Ihre Unfähigkeit zu innigen Beziehungen zu Erwachsenen wird durch das Zölibat sogar heiliggesprochen. Das gilt übrigens für homo- oder heterosexuelle Männer gleichermaßen. Nur 25 Prozent der Männer, die Kinder sexuell missbrauchen, sind pädophil. Das heißt, sie fühlen sich tatsächlich sexuell von Kindern angezogen, die dreizehn Jahre alt sind oder jünger« (*Cicero*, 21.2.2019). Wenn dem so ist, dann ist der Zölibat nicht der eine oder einzige Grund für sexuellen Missbrauch, den es schnellstens aus der Welt zu schaffen gilt. Aber er ist ein Risikofaktor, über den man Klartext reden muss, um der Gefahr entgegenwirken zu können.

Zur Klarheit gehört natürlich zuallererst, dass Menschen, Frau wie Mann, weder psychisch noch physisch vom Herrgott als selbstgenügsame Amöben geschaffen sind. Sie verwirklichen sich vielmehr als soziale Individuen in persönlichen Beziehungen, und das am schönsten in der Liebe, wenn sie mit Leib und Seele zusammenfinden. Was für ein Glück!

So schön das ist, es ist natürlich auch ein Ideal, und viele erreichen es nicht, oder die Liebe zermürbt sich langsam im Alltag oder
geht ganz und oft leidvoll kaputt. Menschen in Beziehungen scheitern an sich selbst, an anderen oder an Umständen. Ihre Psyche oder
ihre Sexualität oder beides sind den Erwartungen, Anforderungen
oder dem Normdruck nicht gewachsen. Oder zwei passen einfach
nicht zusammen, sie haben sich getäuscht. Es gibt zahllose Gründe,
warum Beziehungen nicht gut zustande kommen oder freudlos
durch die Jahre dümpeln oder zerbrechen. Das ist dann oft nicht
nur Pech, viele machen die Hölle durch oder verzweifeln am Leben.

Was hat das mit dem Zölibat zu tun? Zum einen, wie Wunibald
Müller sagt, dass er für einige Männer und Frauen, die aus welchen
Gründen auch immer unfähig sind, eine erwachsene intime Beziehung einzugehen, eine attraktive Fassade ist oder die Ausflucht, um
sich der eigenen Art des Menschseins und eigenen Problemen nicht
stellen zu müssen. Dann kann hinter der Fassade, die aufrechtzu-
erhalten Kraft kostet, die Erleichterung in heimlichen, sogar krimi-
nellen Handlungen gesucht werden, indem man sich an den Kleinen
und Schwachen vergreift. Zum anderen, dass es nicht der Sinn des
Zölibats sein kann, den unglücklichen, einsamen, verlassenen Menschen auf der Welt noch weitere hinzuzufügen.

Zum Sinn des Zölibats

Zum Risikofaktor Zölibat und seiner Problematik bezieht mein
evangelischer Kollege in HöVi, Jörg Wolke, in seinem Beitrag Stellung. Darin fehlt es nicht an Klartext – gut so! Da ich nicht nur auf
das Schlechte schaue, will ich hier auch mal was über den Sinn des
Zölibats sagen, also warum man sich dafür entscheiden wollen und
so leben kann.

Ich sehe den Zölibat vom Ursprung her und heute genauso als
eins von drei zusammengehörenden mönchischen Idealen. Erstens
Gehorsam: Entgegen jeder irdischen Macht gilt allein die Autorität Jesu, des Gekreuzigten, der auf seinen Vatergott hörte und

auf die Notrufe von Menschen, der sich aber keinem Pilatus und keinem Hohenpriester andiente. Zweitens Armut: Entgegen der Macht des Geldes gilt der Trotz, es müsse für alle mehr als alles geben. Drittens Ehelosigkeit: Entgegen prekärer Bindung und vorläufiger Befriedigung jetzt gilt die Lust auf vollkommene Erfüllung im Himmelreich. Und nun, ganz wichtig: Dieses Dreierideal führt, auch da ist Jesus beispielgebend, direkt in die Solidarität. Der Gehorsam an die Seite derer, die unterdrückt, diskriminiert, benachteiligt werden. Die Armut zu den Armen, Zu-kurz-Gekommenen, tatsächlich Hungernden. Die Ehelosigkeit verbündet mit den Ungeliebten, Verlassenen, Trauernden, mit den im Leben und an der Liebe Zerbrochenen.

Also stehen Gehorsam, Armut und Ehelosigkeit solidarisch ein für Freiheit, Gerechtigkeit und Liebe, kurz: fürs Himmelreich. Und zwar jetzt, nicht erst im Himmel. Anstatt in Beziehungslosigkeit und Isolation führen sie in Beziehungen, zu Menschen, »an die Ränder«, wo Papst Franziskus die Kirche hinhaben will. Nicht so, dass sich der ehelose Priester exklusiv als Projektionsfläche für Liebesbedürftige anbietet oder anbiedert. Sondern so, dass er Beziehungen zwischen den Menschen stärkt, fördert und ermöglicht. Damit Paare und Familien unterstützt werden und miteinander in Kontakt kommen, Kinder und Jugendliche selbstbewusst heranwachsen und in Beziehungen miteinander reifen können, dass Alte, Einsame, Kranke besucht werden und, wo es geht, Zugang in größere Gemeinschaften finden. Die Trauernden lässt er nicht allein. Er ist nicht unbedingt ein Revoluzzer – an manchen Orten muss er das jedoch sein –, aber er sieht die Menschen »am Rand«, denen ihre Rechte vorenthalten, die ausgeschlossen oder ausgenutzt werden, und dann macht er den Mund auf. Er fördert Solidarität, wo er nur kann. Deshalb hat er die Armen fest im Blick und übt mit den Vielen das Teilen ein, das ja froh macht, wie schon unsere *Pänz* wissen.

Ich weiß keinen Ort, wo diese Solidarität fehl am Platz oder sinnlos wäre, ob im Kloster, im Frankfurter Bankenviertel, in HöVi oder sonst wo auf der Welt. Sie kann mancherorts provozieren und woanders den Zusammenhalt fördern. Aber natürlich bestimmen der Ort und die Menschen, die da leben, wie sie jeweils zu gestalten ist und welche Schwerpunkte zu setzen sind.

Zur größeren Klarheit ist erstens zu sagen: Nicht nur Ehelose, sondern auch in Partnerschaft und Ehe Lebende können sich natürlich für das Himmelreich sehr sinnvoll und nützlich einsetzen, im Umgang miteinander, mit ihren Kindern und ihren Nächsten. Die Wohlhabenden, indem sie fair und großzügig sind. Und die Menschen, die in allerlei Pflichten und Zwänge eingebunden sind, indem sie so ihre Verantwortung für ihre Familien, Kolleginnen und Kollegen und das Gemeinwohl wahrnehmen. Solidarität ist eben nicht exklusiv. Genau besehen, mag die Form mit Gehorsam, Armut und Ehelosigkeit zwar die radikalere oder spektakulärere sein, aber ohne die anderen geht es gar nicht. Zweitens: Die drei sogenannten »Evangelischen Räte« sind nicht priesterlichen, sondern mönchischen Ursprungs, und sie sind nicht automatisch mit dem von der Kirche unter verschiedenen Aspekten zu gestaltenden Priestertum verbunden. Also ist aus ihrem Sinn nicht zwingend eine Pflicht abzuleiten. Sowieso können Frauen wie Männer sich dafür entscheiden und tun es ja auch. Und zum Dritten muss auch klar sein: Den Sinn in Gehorsam, Armut und Ehelosigkeit für sich zu entdecken, heißt nicht, dass es einfach wird. Auch wenn das – »in echt« – eine erfüllende Lebensform sein kann.

Jeder gute Abt und Novizenmeister weiß, wenn da jemand an die Klostertür klopft und sagt, er komme »draußen« nicht gut zurecht und möchte deshalb Mönch werden, dass man dem eine gute Tasse Kaffee hinstellen und zuhören muss, und dann schickt man ihn, vielleicht mit gutem Rat und Adressen, wo es Hilfe gibt, wieder weg. Wer »draußen« nicht zurechtkommt mit sich und den Menschen, kommt es im engen Raum des Klosters und der Gemeinschaft, dazu auch noch arm, gehorsam und ehelos, erst recht nicht. Und wer Priester werden möchte, weil er mit seiner Seele und seinem Körper nicht klarkommt: Der braucht therapeutische Hilfe. Das zu erkennen ist eine schwierige, aber die wichtigste Aufgabe für die Verantwortlichen in der Priesterausbildung. Ich meine, dass so einfach gestrickte Kriterien wie »Homosexuelle dürfen nicht« nicht weiterhelfen. Damit werden alle über einen untauglichen Kamm geschoren. Fähige und Geeignete fliegen dabei raus, die Heimlichtuer und nach außen Unauffälligen, homo- wie heterosexuell, rutschen durch, und sowieso verhindern Vorurteile kein späteres Desaster, sondern beschwören es herauf.

Langer Rede kurzer Sinn: Im Blick auf Armut, Ehelosigkeit und Gehorsam führt der Priesterberuf in Beziehungen mit Menschen und zur Solidarität, erst recht in der praktischen Seelsorge. Wie das von den Einzelnen jeweils gelebt und gestaltet wird, ist vielfältig möglich. Klar ist: Nur »Alleinsein« oder »kein Sex« ist noch keine Tugend und auch kein Zeichen für das Himmelreich, sondern oft kümmerlich und traurig. Ich kenne aber auch die Frauen und Männer in der Kirche, die aus den je auf ihre Art gelebten drei Idealen Zuwendung geben und erfahren und für sich und »das Himmelreich« genau das Richtige gefunden haben. Die sind, wenn es denn stimmig ist, auch gern »arm an Macht« und müssen sich hoffentlich nicht der Kleinen und Schwachen in Übergriffen bemächtigen.

Nicht die Täter schützen, sondern die Opfer

Sehr wohl muss noch bedacht werden, woher es kommt, dass die Kirche die Opfer der Gewalt nicht gesehen hat, sondern fast nur die Täter im Blick hatte. Die Untersuchungen in unserem Erzbistum Köln haben ergeben, dass die Täter, die nicht Priester waren, schnell bestraft oder entlassen wurden, bei den Priestern war es leider ganz anders. Sie wurden geschont und sogar nach erwiesenem Missbrauch wieder anderswo in der Seelsorge eingesetzt. Manchmal wurden sie von einem Bistum in ein anderes geschoben. Oft sogar ohne die Gemeinden, in die sie kamen, ins Bild zu setzen. Noch verrückter: Ein Pastoralreferent erzählt, dass ihm als jungem Mitarbeiter aufgetragen wurde, doch ein Auge auf einen älteren Priester zu werfen, der schuldig geworden war, aber wieder in der Pfarrei tätig wurde. Aus heutiger Sicht völlig undenkbar!

Offensichtlich wurden das Ansehen und das System der Kirche lange über die Aufklärung der Verbrechen und die Sorge um deren Opfer gestellt. Das ist zum Glück, oder hoffentlich, Vergangenheit. Die Kirche versucht gerade eine Kehrtwende. Ich bin überzeugt, die meisten Verantwortlichen meinen es sehr ernst damit, sie haben das Problem erkannt. Trotzdem ist es für die, die nach wie vor in der Leitungsverantwortung stehen und die vorher aus überzeugter Pflichterfüllung und frommen Überlegungen die heilige Kirche ihrer Vorstellung unbeschadet halten wollten, indem sie Schmutz unter den Teppich kehrten, sehr schwer, jetzt anders zu fühlen, zu denken und zu handeln. Die Kirche ist aber eine »verbeulte Kirche«, sagt Papst Franziskus.

Wer die Wahrheit tut, kommt zum Licht, heißt es im Johannesevangelium. Oder auch: Die Wahrheit wird euch frei machen. Im März 2021 war die Stunde der Wahrheit in unserem Erzbistum Köln, als die neue Untersuchung zur sexuellen Gewalt vorgestellt wurde. Wer wollte, konnte dies live im Internet verfolgen. So viel Transparenz war vorbildlich. Ich war nicht live dabei, weil ich eine Beerdigung begleitete, schaute es mir aber später an.

Schon ein Jahr zuvor sollte ein erstes Gutachten veröffentlicht werden. Daraus wurde nichts, weil es mangelhaft sei. Dann ein Jahr des Schreckens, ein *annus horribilis*, in dem Kardinal Woelki und das Kölner Erzbistum nicht aus den Schlagzeilen herauskamen. Ist jetzt alles geklärt, der Himmel klar, die Luft rein?

Als Kardinal Woelki im Jahr 2019 die Untersuchung sexueller Gewalt in der Kirche durch unabhängige Rechtsanwälte – die erste trotz anderer Ankündigung dann doch nicht veröffentlichte – in Auftrag gab, legte er die Latte für die Geistlichen hoch, als er öffentlich sagte: »Wer Christus in besonderer Nachfolge sakramental repräsentiert, nimmt ein ›Mehr‹ auf sich. Mehr Dienst an den Menschen. Mehr moralischen Anspruch an sich selbst. Dazu braucht es starke und reife Persönlichkeiten ohne Hybris.«

Eine solche Persönlichkeit ist der Kölner Prälat Robert Kümpel. Er war zwölf Jahre lang Personalchef im Bistum, danach acht Jahre in der Priesterausbildung tätig. Schon vor Jahresfrist hat er die Karten auf den Tisch gelegt und in einem langen Interview berichtet, dass er lange nicht die Opfer in den Mittelpunkt seines dienstlichen Bemühens stellte, sondern den Schutz der Täter. Erst als er 2008 Ansprechpartner für den sexuellen Missbrauch geworden sei, sei ihm die Katastrophe im Leben der Opfer bewusst geworden. Ein Vorbild der Aufklärung, dieser Prälat.

Andere Geistliche in Personalverantwortung sind diesem Vorbild nicht gefolgt. Sie haben den Ausgang des zweiten Gutachtens der Juristen abgewartet. Der Erzbischof von Hamburg, einst Generalvikar in Köln, bot anschließend dem Papst seinen Rücktritt an; ebenso ein Kölner Weihbischof, der auch vor der Bischofsweihe Generalvikar war. Der oberste Richter des Erzbistums, Offizial genannt, wurde seines Amtes enthoben.

Rainer Maria Kardinal Woelki, der Kölner Erzbischof, sagte am 18.3.2021 bei der Vorstellung des Gutachtens von rund 800 Seiten: »›Nichts geahnt‹, das ist seit heute nicht mehr sagbar.« Damit zitierte er seinen Vorgänger Kardinal Joachim Meisner, der im Radio genau das gesagt hatte: »Nichts geahnt, nichts geahnt!« Das Gutachten zeigt, dass er gelogen hatte.

Was ist nun zu tun?

Pater Klaus Mertes, der 2010 die sexuelle Gewalt an Schulen des Jesuitenordens aufgedeckt hat, betont, dass das System Kirche blind gewesen sei. Blind für die Opfer. Und befangen in einer Kultur der Inkompetenz. Ohne ordentliche Aktenführung, ohne klare Zuweisung von Verantwortung.

Aus meiner Sicht ist entscheidend, was ich auch bei meinen Gedanken zur Demokratie in der Kirche ausführe: Es ist nicht mehr zeitgemäß, dass sich Jurisdiktion, Legislative und Exekutive in der einen Person des Bischofs oder des Papstes hierarchisch konzentrieren. Das überfordert jeden Menschen und führt zum Chaos als System.

Ein verantwortlicher Vertreter der Institution Kirche kann nicht selber Aufklärer sein. Das geht nur von außen. In dieser Hinsicht waren die MHG-Studie und auch die Untersuchungen in einigen Bistümern erste gute Schritte. Am besten wäre eine unabhängige Kommission auf Bundesebene; zum Glück empfiehlt der Missbrauchsbeauftragte der Bundesregierung Maßnahmen in diese Richtung. Vor allem und bei allem müssen die Opfer sexueller Gewalt den Takt bestimmen. Man darf nicht für sie handeln in einer Art gut gemeintem Paternalismus.

Hier gilt, was Klaus Mertes unterstreicht: Das Vertrauen hängt am Verfahren! So müssen zum Beispiel die von sexueller Gewalt Betroffenen als Nebenkläger auftreten können. Natürlich kann ein gerechtes Verfahren nicht immer Gerechtigkeit herstellen, wie das Unglück bei der *Love Parade* in Duisburg gezeigt hat. Aber ohne ein klares und offenes Verfahrensrecht verschwindet alles im Nebel.

Das Vertrauen hängt auch an der persönlichen Begegnung mit Betroffenen sexueller Gewalt. Für mich persönlich gilt das auch. Erst als Menschen mit Gewalterfahrung nach 2010 auf mich zukamen, habe ich in den Abgrund blicken können.

Etwas anderes macht mir auch zu schaffen. Einige der Täter, die durch das juristische Gutachten im Erzbistum Köln ans Licht kamen, kenne ich persönlich recht gut. Einer schenkte mir zur Priesterweihe die violette Stola für Beerdigungen. Mit einem anderen habe ich gut in der Jugendarbeit zusammengearbeitet – um zwei Beispiele zu nennen. Ich kann mir nur sehr schwer vorstellen, dass sie schlechte Menschen sind – aber sie haben Schreckliches getan. Meine Ahnung ist, dass es auch einen Fehler im System Kirche geben muss. Oder mehrere Fehler.

Wie bei der Aufdeckung des Missbrauchs kann auch hier externe Kompetenz entscheidend sein. Die Träger des Systems selbst, die Verantwortlichen, die sich ihren Idealen und Pflichten hingeben, stecken ja mittendrin im System und können oft kaum mit der notwendigen Distanz sehen, was schiefläuft oder doch anders besser laufen könnte. Die Kirche braucht nicht nur den Rat und die Mitbestimmung engagierter Laien aus dem großen kirchlichen Spektrum. Sie braucht auch den Rat der »Menschen guten Willens«, die nicht zu ihr gehören oder sich als Gläubige verstehen, aber Expertenwissen haben: in Organisationsformen und der Praxis von Partizipation, Gewaltenteilung und Machtkontrolle, der Beachtung des Subsidiaritäts- und des Rechtsprinzips, von *Good Governance* und *Compliance*. Auch die Kirche muss von anderen lernen: von den Natur- und Geisteswissenschaften genauso wie von allgemeinen Entwicklungen in Geschichte, Politik, Wirtschaft und Gesellschaft. Oft tut sie das ja auch. Aber manche Bereiche scheint sie davon ausgenommen oder für ihr ganz alleiniges Urteil reserviert zu haben, um ihren kirchlichen Charakter nicht zu verlieren. Die Angst der Institution um sich selbst macht sie aber nicht glaubhaft und hält sie nicht stabil. Immer finden Dialog und Praxis im Geist des Evangeliums heraus, was zu den Menschen und zur Kirche passt.

Ein Fehler im System wird inzwischen auch in den Generalvikariaten und von den Bischöfen selbst gesehen, dass nämlich nicht selten Priester ohne spezifische Ausbildung in verantwortliche Positionen kommen. Nach dem Motto: Wer Priester oder Jurist ist, kann eigentlich alles.

Auch hat unser Kölner Kardinal angeordnet, dass Personalakten entgegen dem kirchlichen Recht nicht mehr nach einiger Zeit vernichtet werden. Dass es so etwas gibt, konnte ich mir früher gar nicht vorstellen. Das »Päpstliche Geheimnis«, also absolutes Stillschweigen über kirchliche Vorgänge, hat ja kürzlich der Papst in Bezug auf die Verfolgung von Missbrauchsstraftaten selber abgeschafft.

Summa summarum führt der Blick von außen auf die Kirche zum Ergebnis: Chaos pur, Missachtung der Opfer, Schutz für die Institution.

Die Kultur der Kirche ist diskreditiert. Der Kulturwandel beginnt mit der Prävention. Und dabei nicht mit dem guten Willen allein, sondern mit einer klaren und verbindlichen Ordnung. Um Fehler, so gut es irgend geht, zu vermeiden.

Vielleicht kann dann auch wieder Vertrauen wachsen. Vertrauen kann man wie Liebe ja weder kaufen noch aufbauen. Es wird geschenkt.

Wie auch Verzeihung. Einander verzeihen heißt noch lange nicht Versöhnung! Verzeihen kann nur ein einzelner Mensch einem andern, also ihm die Schuld vergeben. Das kann ja keiner selbst, obwohl wir oft sagen: »Ich entschuldige mich.« Logisch ist das ja Quatsch, ich kann nur um Entschuldigung bitten: Bitte verzeih mir. Dann kommt vielleicht: Ja, Schwamm drüber. Versöhnung ist ein langer Prozess und dann wie Sonnenschein nach Starkregen. Dafür muss Vertrauen langsam nachwachsen, ganz langsam.

Markus W., *49 Jahre:*

Es fällt einem in diesen Tagen schwer, zur Kirche zu stehen, zumal im Erzbistum Köln. Aber die Amtskirche ist das eine. Wichtiger ist, was vor Ort geschieht. Aufgewachsen bin ich in einer Gemeinde eines benachbarten Stadtteils. Die Gemeinde dort habe ich als weitgehend geschlossenen Zirkel wahrgenommen. Und so hatte ich jahrelang keinen wirklichen Kontakt zur Kirche, obwohl ich meinen Glauben nie verloren habe. Nach HöVi bin ich über die Kinder gekommen, die hier zur Grundschule gegangen sind. So kam eins zum anderen: Chor, HöVi-Land, Pfadfinder und mittlerweile Pfarrgemeinderat. Denn hier in HöVi habe ich etwas gefunden, das ich vorher in der Kirche oft vermisst habe: Gemeinschaft und Respekt. Hier kann sich jeder einbringen. Es gibt genug Raum dafür. In den Gremien wird durchaus auch kontrovers diskutiert. Aber am Ende entscheidet man gemeinsam. Und wenn der Pfarrgemeinderat mehrheitlich entscheidet, eine Regenbogenflagge als Zeichen gegen Ausgrenzung aufzuhängen, dann setzt sich der Pfarrer nicht über dieses Votum hinweg, wie es in anderen Gemeinden passiert. Weil man gemeinsam und auf Augenhöhe den Weg geht. Und weil man den Menschen im Blick hat. Nicht die Macht der Kirche.

Jürgen Becker, *Kabarettist, Autor und Fernsehmoderator:*

Sagen wir mal so …
Eigentlich ist das super gelaufen: Die Griechen hatten in ihren kleinen Stadtstaaten bereits Demokratie, Philosophie, Mathematik und weitere Wissenschaften. Diese kamen in Kontakt mit den Römern und ihrer genialen Verwaltung. Hinzu kam die kleine jüdische Sekte namens Christen mit ihrer damals überlegenen Ethik. Die wurden erst brutal bekämpft, dann milde belächelt und anschließend machte man sie zur Staatsreligion. Aus diesen drei Zutaten – schlaue Griechen, geniale Römer und fortschrittliche Christen – entstand unser Europa.

Als das riesige Römische Reich zerfiel, mussten wir raubauzigen Germanen uns selbst beherrschen. Von Verwaltung hatten wir so viel Ahnung wie eine Kuh von Elektrizität. Doch wer hatte damals die Infrastruktur, die Archive und die Verwaltungsstrukturen? Die römisch-katholische Kirche! So gelangte diese an die Macht und die Bischöfe wurden gleichzeitig Ministerpräsidenten.

Nach der Aufklärung riet die menschliche Vernunft, Kirche und Staat zu trennen. Sicher eine gute Entscheidung. Aber man wird den Eindruck nicht los, dass viele Kirchenfürsten diesen Machtverlust nicht verkraftet haben. Noch der Kölner Erzbischof Joachim Kardinal Meisner definierte sich als »Wachhund Gottes«. Der zähnefletschende Köter als angsteinflößender Gegenentwurf zum friedfertigen Gottessohn. So formte sich allmählich in der demokratischen Moderne das Bild: Kirche schlecht – Jesus gut!

Jesus Christ Superstar machte den Erlöser gar zur Popikone. Doch diese Wahrnehmung der Nach-68er hat sich nun wieder gewandelt. Durch das bewundernswerte Engagement vieler Kirchengemeinden, wie wir es beispielhaft in Köln-Höhenberg/Vingst, aber eben nicht nur hier erleben, zeichnet sich nun ein differenzierteres Bild, das nicht zuletzt durch die Aufarbeitung sexueller Gewalttaten unzähliger Geistlicher an Konturen gewinnt. Heute denken die Menschen nicht mehr unisono: Kirche schlecht, Jesus gut.

Nein, jetzt sagen immer mehr: Kirche gut, Klerus schlecht.

In Köln kommt dann aber immer ein versöhnlicher Nachsatz: Klerus schlecht, außer der Franz. ☺

14. Prävention

Angesichts der sexuellen Gewalt in der Kirche ist Prävention das Gebot der Stunde.

Seit 43 Jahren bin ich als Priester im Dienst. In dieser Zeit hat sich sehr viel verändert. Würde ich heute noch so handeln wie vor 40 Jahren, wäre ich vielleicht reif fürs Gefängnis. Warum? Damals haben wir für das Pfingstzeltlager einfach drei Reisebusse bestellt und gesagt: Wer will, fährt mit! Keine Elternerklärung, die Teilnehmerliste für die Zuschüsse wurden später im Lager zusammengetragen. Ein paar Jahre später hat unser Zivildienstleistender eine Woche vor einem Pfingstzeltlager nicht mit mir gesprochen. Er meinte in der Planungsphase, es sei doch klar, dass Mädchen und Jungen gemeinsam in den Zelten schlafen. Zum Glück sagte mir mein Bauchgefühl: Das kann irgendwie Ärger geben. Ich bestand darauf, dass links des Bachs die Jungenzelte stehen und rechts davon die der Mädchen. So machten wir es dann und sprachen auch wieder miteinander; an Prävention dachten wir seinerzeit nicht. In meiner Ausbildung war auch nie die Rede davon. Das kam alles erst viel später.

Das institutionelle Schutzkonzept unserer Kirchengemeinde in Köln-HöVi haben drei Personen verfasst: eine Psychologin, ein junger Lehrer und unser Pastoralreferent. Dafür haben sie ein Jahr lang alle Gruppen der Gemeinde besucht und jeweils zwei Stunden lang gemeinsam erörtert, wie, wo und wann Kinder und Jugendliche gefährdet sein könnten. Auch unser Pastoralteam hat mit den dreien ein intensives Gespräch geführt. Der Entwurf des Konzepts war Thema einer Klausurtagung unseres Pfarrgemeinderates. Dabei ergaben sich weitere wichtige Aspekte, die noch eingearbeitet wurden. Uns war wichtig, dass das Schutzkonzept nicht nur von Hauptamtlichen der Kirche verfasst wurde: Die Psychologin, Mutter einer Tochter, hat einen professionellen Blickwinkel; der junge Lehrer war vorher Mitarbeiter in der Jugendarbeit und in unserer Kinderstadt »HöVi-Land« engagiert. Aus Erfahrung konnte er also Schwachstellen benennen.

Alle haupt- und ehrenamtlichen Mitarbeiterinnen und Mitarbeiter nehmen an den Präventionsschulungen teil, die im Erzbistum Köln verpflichtend sind. Dies gilt für Pfadfinder, die KjG (Katholische junge Gemeinde), Messdienerinnen, Sekretärinnen und andere. Natürlich auch für die im vergangenen Jahr 116 jugendlichen Leiterinnen und Leiter in unserer ökumenischen Kinderstadt. Jede Teilnahme wird dokumentiert. Der Verhaltenskodex im Schutzkonzept ist länger als dieser Text.

Was gilt es zu beachten? Drei Aspekte sind vielleicht besonders interessant:

Eins-zu-eins-Situationen gilt es zu vermeiden! Hilfreich ist bei uns, dass es 587 Schlüssel zu den Gemeinderäumen gibt. Also haben alle Engagierten Zugang zu den Räumen, die für sie von Interesse sind. Es könnte jederzeit jemand durch die Tür kommen. Niemand ist eine »Insel«, keiner steht für sich allein. So einfach dieser Gedanke ist, so wirkungsvoll scheint mir diese simple Tatsache zu sein.

Kinder und Jugendliche bestimmen selbst über Nähe und Distanz. Dieser Grundsatz findet sich wohl in vielen institutionellen Schutzkonzepten, er ist auch enorm wichtig.

Bei uns ist ein dritter Punkt wichtiger Teil des Verhaltenskodex. Unser Stadtviertel steht sozial extrem unter Spannung. 26 Prozent aller Haushalte sind überschuldet, viele Frauen alleinerziehend und viele Menschen ohne Arbeit. So kommt es nicht selten vor, dass Kinder Zuneigung erfahren möchten. Mal möchten sie beim Ausflug an die Hand genommen werden, mal neben dem/der Gruppenleiter/in sitzen. Wichtig ist, diese Wünsche der Kinder wahrzunehmen, aber auch in der Runde der Gruppenleitung zu besprechen. Dort können Wege gefunden werden, um ein Kind zum Beispiel in eine feste Kindergruppe zu vermitteln. Oft konnte ich im Anschluss an den Austausch in der Runde ein Gespräch mit der Mutter führen und Ideen vorschlagen, wie für das Kind etwas Förderliches geschehen könnte. Meistens ist das etwas Einfaches, was dem Kind Wertschätzung und Selbstvertrauen geben kann, etwa ein schöner neuer Schulranzen, damit es sich in der Schule nicht schämen muss, oder die Vermittlung in die Nachmittagsbetreuung der Grundschule. Häufig haben wir das Mittagessen in der Grundschule bezahlt, zum Glück ist das jetzt endlich für arme Kinder unentgeltlich.

Anne B., *34 Jahre:*

Was hält mich in der katholischen Kirche? Diese Frage habe ich mir mit 13 Jahren das erste Mal gestellt. Ich wollte nicht mehr katholisch sein. Die Strukturen entsprachen nicht meinem Weltbild: keine Frauen am Altar, Zölibat als Zugangsvoraussetzung zum Priesteramt, Sexualität nur innerhalb der heterosexuellen Ehe erlaubt – das fand ich weltfremd und das ärgerte mich. Ich wollte am evangelischen Religionsunterricht teilnehmen, doch die Schule verweigerte mir den Wunsch und riet mir, Religion abzuwählen und stattdessen am Philosophieunterricht teilzunehmen, was ich dann machte.

Jetzt bin ich 34 Jahre alt und bis heute hat sich meine Meinung zu diesen Themen nicht geändert. Aber evangelisch möchte ich nicht mehr werden. Etwas bindet mich an die katholische Kirche. Es fällt mir gar nicht so leicht, in Worte zu fassen, was genau es ist. Aber heute bezeichne ich mich nicht wie früher als »christlich«, sondern sage, wenn jemand fragt, klar: »Ich bin katholisch.« Diese Kirche ist mein Zuhause. Die Liturgie berührt und begeistert mich. Das Kirchenjahr gibt meinem Leben Struktur, Zeiten der Einkehr und Zeiten der Freude. Die Verbundenheit mit anderen Katholikinnen und Katholiken in der gesamten Welt, die den Ritus ebenso feiern, wie wir es tun, lässt mich in jedem Land der Welt einen Anlaufpunkt haben, an dem ich mich wie zu Hause fühle, selbst wenn ich die Sprache nicht spreche, in der die Messe gefeiert wird. Katholisch sein gehört zu meiner Identität. Und ich möchte die katholische Kirche nicht aufgeben. Ich möchte sie mitgestalten, verändern, einen kleinen Beitrag dazu leisten, dass sie das tut, was sie meinem Glauben entsprechend tun sollte: Gottes Liebe zu den Menschen auf Erden sichtbar machen, feiern und weitergeben. Darum bin ich in HöVi aktiv.

15. Immobilien

Was soll denn diese Überschrift, werden Sie sich vielleicht jetzt fragen. Was macht der Mann denn damit?

Das kam so. Eine Dame aus unserer Gemeinde besaß eine Eigentumswohnung in unserem Stadtteil. Als sie verstarb, erbte der Frauenorden, der in der Nachbarstadt ein Kinderheim betreibt, diese Wohnung. Leider hatte sie die Immobilie nicht an uns vererbt. Aber ich hatte die Idee, dass die Nonnen wohl wenig Interesse hätten, die Wohnung zu behalten, eher zu verkaufen. Also gab ich nach der Beerdigung, die ich betreute, das Signal: Gerne kaufe ich die Wohnung. Mein Antrieb war, dass ich meinen Nichten und Neffen nach meinem Tod doch gerne ein kleines Erbe zukommen lassen wollte. Da sich über die Jahre auch Erspartes angesammelt hatte, reichte es vielleicht für die Wohnung. Die Ordensschwestern wollten wirklich verkaufen. Ich riet, einen Sachverständigen zu beauftragen, um einen fairen Preis zu finden. Gesagt, getan. Fast wäre der Termin geplatzt, weil die Oberin, die zur Unterschrift aus Holland anreiste, eine Autopanne hatte.

Von Immobilien hatte ich wenig Ahnung. Die Wohnung kostete 1000 Euro pro Quadratmeter, laut Gutachter. Also 80 000 Euro. Inzwischen ist sie wahrscheinlich um 50 Prozent wertvoller, da die Menschen in Betongold investieren wollen.

Die Wohnung habe ich nicht vermietet. Es leben dort Studentinnen und Studenten, die statt Miete eine soziale Aufgabe in HöVi jede Woche übernehmen, etwa Hausaufgabenhilfe oder Sprachtraining für geflüchtete junge Menschen. Den Einsatz der jungen Leute koordiniere nicht ich, sondern die evangelische Jugendleiterin zusammen mit dem Sozialraumkoordinator. Wie immer sind also die Aufgaben bei uns verteilt. Da die Idee mit der Wohnung, die ich unentgeltlich zur Verfügung stellen konnte, gut läuft, haben wir noch zwei weitere angemietet und stellen sie Wohngemeinschaften zur Verfügung mit der Gegenleistung von fünf oder sechs Stunden sozialem Engagement im *Veedel*. So sind es sieben junge Menschen geworden. Da uns Wohltäterinnen und Wohltäter unterstützen, die das Projekt gut finden, übernehmen wir auch Strom, Wasser und Heizung in den Wohnungen.

Nachdem wir gut gestartet sind, berichtete die Presse von einem ähnlichen Projekt im Ruhrgebiet. Neuerdings gibt es auch in Köln im ehemaligen Kinderheim in Sülz eine Senioren-Wohngemeinschaft, in der auch Studentinnen und Studenten mitwohnen. Hier sind zwei junge Bewohner fünf Stunden in der Woche für die Unterhaltung der Seniorinnen und Senioren engagiert, zum Beispiel kochen sie gemeinsam. Die jungen Leute wohnen nicht mietfrei, sondern zum günstigen Tarif von 6,25 Euro pro Quadratmeter dank Wohnberechtigungsschein. Eine kleine Ehrenamtspauschale gibt es als Sahnehäubchen. Fünfzig Studierende haben sich für die zwei Plätze beworben, an die die Verpflichtung gebunden war, zwei Jahre zu bleiben.

Es zeigt sich, dass die Verbindung von günstigem oder unentgeltlichem Wohnen und sozialem Engagement gut funktioniert. Die Nachfrage ist groß. Für uns in HöVi ist wichtig, dass wir so jungen Menschen Unterstützung bieten, die auf jeden Fall neben dem Studium arbeiten müssen, weil die Eltern nur wenig zum monatlichen Budget beitragen können. Hinzu kommt, dass wir den Kontakt zu den jungen Leuten aus dem Viertel nicht verlieren. Sie können sich im Studium weiter vor Ort in Freundeskreis, Sport oder eben auch Gemeinde engagieren, neben der verpflichtenden sozialen Aktivität jede Woche. Gerade für unsere Kinderstadt HöVi-Land in den Sommerferien gewinnen wir so erwachsene junge Menschen mit großer Erfahrung.

Unser Erzbistum Köln hat sich leider von den meisten Studentenwohnheimen getrennt im Rahmen der Sparmaßnahmen. Ob es klug war, sich von Immobilien zu trennen, möchte ich nicht beurteilen. Früher war es möglich, den gewählten Verantwortlichen in der Hochschulgemeinde eine »Studentenbude« zur Verfügung zu stellen.

Neueste Forschungen zeigen, dass Jugendliche aus prekären sozialen Verhältnissen nachhaltig davon profitieren, wenn ihnen Studentinnen und Studenten zur Seite stehen. Untersucht wurde das Programm »*Rock your life*«, in dem seit 2008 mehr als 7000 Studierende als Mentorinnen und Mentoren ehrenamtlich engagiert sind. Die Erfolge wurden gemessen: Die Schulnoten haben sich verbessert, zum Beispiel um 0,4 Notenschritte in Mathematik. Bei den bildungsfernen Jugendlichen wuchs das Maß an Geduld; dies finde ich beachtlich, denn sie waren ja lange Jahre Misserfolge gewohnt und schnell enttäuscht und entmutigt. Sehr gut ist auch, dass die Beschäftigung mit den Chancen auf dem Arbeitsmarkt in den Fokus gerückt ist. Diese Untersuchung bestätigt unsere praktische Erfahrung. In der Pandemie haben die Studentinnen und Studenten in den Herbstferien selbstständig sieben Ausflüge für Kinder organisiert. Da bei uns die Wohnungen klein und natürlich ohne Gärten sind, kamen die *Pänz* so wenigstens mal raus. Danach startete wieder die Hausaufgabenhilfe mit dem Namen »Lernfüchse« in kleinen Gruppen, natürlich mit genügend Abstand in Coronazeiten.

Seit zwei Jahren gibt es bei uns auch eine christliche Wohngemeinschaft fünf junger Menschen. Und das kam so:

25 Jahre lang lebten Franziskaner bei uns in Vingst. Die Pfarrei besitzt gegenüber der Kirche ein Wohnhaus für die Mitarbeiterinnen und Mitarbeiter. Als der Organist pensioniert wurde und die Stelle einer Gemeindereferentin nicht mehr besetzt wurde, waren zwei Etagen frei. Zur gleichen Zeit wollten die Franziskaner eine Wohngemeinschaft als kleines Kloster in einem armen Stadtteil mitten unter den Menschen ausprobieren. Im Ruhrgebiet gab es eine Möglichkeit – und nun auch bei uns. Allerdings war ihnen wichtig, dass es eine richtige Kapelle im Minikloster geben müsse. Denn sie hatten schon mit Wohngemeinschaften unter einfachsten Verhältnissen experimentiert; so ähnlich wie die Schwestern von Mutter Teresa, die ja wirklich nur zwei Saris besitzen. Wenn die Brüder aber in

Doppelstockbetten schlafen und in der Küche die Eucharistie feiern müssen, dann klappt das auf Dauer nicht.

Damals hatte unser Erzbistum noch reichlich Geld. So machten wir den Vorschlag, doch über den zwei Etagen im Dachstuhl eine schmucke Kapelle zu errichten. Die Idee fiel auf fruchtbaren Boden und der Andachtsraum war schneller fertig als geahnt. Richtig mit Altar, Tabernakel und Ambo. Der Weihbischof kam persönlich zur Altarweihe. Hinter der Kapelle ließ sich noch eine Dusche einbauen und ein Mini-Schlafraum für Gäste.

Die Bedingung war, dass die Franziskanerbrüder bei uns leben, aber keine Dienste in der Pfarrei übernehmen müssen. So war jeweils einer von ihnen Obdachlosenseelsorger in Köln. Ein anderer hielt den Kontakt mit muslimischen Gemeinschaften. Oft waren auch Studenten der Franziskaner dabei. Einer betreute den Dritten Orden, also Laien, die ihr Leben franziskanisch ausrichten. Einer errichtete neben unserem Bürgerzentrum einen Begegnungsort aus Überseecontainern für muslimische Jugendliche, dort gab es auch Gruppen speziell für Mädchen.

Trotz der Absprache, nicht in die Aufgaben der Pfarrei eingebunden zu werden, ergab sich natürlich ein schöner Kontakt. Auch in praktischen Fragen. Da die Franziskaner aus ökologischen Gründen kein Auto hatten, konnten wir ihnen manchmal eins leihen, etwa für größere Transporte. Auch machte einer sein Diakonatspraktikum in der Pfarrei.

2019 kam das Ende, weil der Orden schrumpfte und Niederlassungen aufgegeben werden mussten. Was nun? Eine erste Idee einer christlichen WG von Familien zerschlug sich schnell. Der zweite Anlauf führte zum Erfolg.

In Vingst existiert seit über 40 Jahren eine Wohngemeinschaft der Fokolarini, eine geistliche Gemeinschaft mit Wurzeln in Italien. Die Männer in dieser WG gehen alle weltlichen Berufen nach, zum Beispiel als Lehrer. Sie besuchen in unserer Gemeinde die Heiligen Messen in der Woche am Abend, tagsüber sind sie ja an ihrer Arbeitsstelle. Einer von ihnen, ein Architekt, ist Mitglied in unserem Kirchenvorstand.

Die Gemeinschaft übernahm 2019 die zwei Etagen und die Kapelle als Mieter und lud Studentinnen und Studenten in eine christliche Wohngemeinschaft ein. Die Gemeinschaft ist nicht nur (Unter-)Vermieter mit einem deutlich niedrigen Mietzins, sondern begleitet die jungen Menschen auch geistlich.

Die neue christliche Wohngemeinschaft »La Familia« stellt sich nun selbst vor. Ich denke, das ist spannender, als wenn ich von außen berichte.

Jannis Butterhof, *27 Jahre, Psychologe, Unternehmensberater beim »Great Place to Work«-Institut Köln,*
Carolin Hillenbrand, *28 Jahre, Wissenschaftliche Mitarbeiterin und Doktorandin am Exzellenzcluster »Religion und Politik« an der Universität in Münster, Deutsche Weinprinzessin 2019/2020,*
Thorlak Aretz, *20 Jahre, Student der Technischen Informatik an der TH Köln,*
Jana Gellissen, *21 Jahre, Studentin der Afrikanistik und Anglistik an der Uni Köln:*

La Familia
Wie kamen wir auf die Idee, eine christliche WG zu gründen? Wie fanden wir zusammen?

Wir sind eine junge Wohngemeinschaft, die im Oktober 2019 zusammenkam, in der Burgstraße in Vingst, ganz in der Nähe der Kirche. Gestartet sind wir mit Carolin, Jana, Jannis, Jens und Malte, fünf jungen Menschen im Alter von 18 bis 27 Jahren, die sich auf dieses gemeinschaftliche Abenteuer eingelassen haben. Jens und Malte entschieden sich im weiteren Verlauf, neue Projekte anzugehen, Thorlak kam neu hinzu.

Wie kam es zu dieser Idee? »Viele Wege führen nach Rom« – und so führten auch uns viele bzw. unterschiedliche Wege zu dieser besonderen Wohngemeinschaft (WG bzw. »LG«, Lebensgemeinschaft). Carolin und Jannis zum Beispiel, ein junges Paar, das zuvor schon zu zweit in einer Wohnung in Heidelberg gelebt hatte, war auf der Suche nach einem gemeinschaftlichen Wohnen und Leben – inspiriert von ihren vielfältigen Erfahrungen in Taizé sowie von ihrer Reise zu verschiedenen Lebens- und Glaubensgemeinschaften. Die beiden beschreiben das so:

»2018 nahmen wir uns drei Monate frei, um gemeinsam mit unserer guten Freundin Lucie aus Frankreich zu erkunden, wie Menschen zusammenleben, was sie zusammenbringt und zusammenhält und welche Rolle dabei Religion, Glaube und Spiritualität finden können (mehr zu unseren Erfahrungen und

Erlebnissen aus den 12 Gemeinschaften in vier verschiedenen europäischen Ländern gibt es auf unserem Blog unter: https://beleafingcommunity.jimdofree.com/). Dabei lernten wir auch die Fokolar-Bewegung und deren Gemeinschaft in Loppiano, Italien, kennen, die uns sehr faszinierte und prägte. Wir spürten dort, dass ›ein anderer Wind wehte‹, ein ›Band der Liebe‹ die Menschen verband, echte, authentische und tiefgründige Beziehungen gelebt wurden und das Motto ›Einheit in Vielfalt‹ alltäglich mit Leben gefüllt wurde. So wollten wir beide nach unserem Masterstudium in Heidelberg/Mannheim unsere Gemeinschaftserfahrungen weiterleben und schauten uns nach spannenden Initiativen und Projekten im Rheinland um. Über unsere Kontakte zur Fokolar-Bewegung in Loppiano wurden wir mit den Fokolaren in Köln vernetzt und riefen im August 2019 spontan Johannes an – just zu dem Moment, in dem die Fokolare überlegten, wie sie die alte Wohnung der Franziskaner in HöVi mit Leben füllen könnten, und über ein ›junges Wohnprojekt‹ nachdachten. So fügten sich verschiedene Puzzleteile zusammen und nach einem ersten Kennenlernen im September war für alle Seiten klar, dass sie diese Ideen gemeinsam umsetzen wollten. Parallel hatte die Fokolar-Gemeinschaft nach weiteren jungen Leuten mit Interesse an diesem Wohnprojekt Ausschau gehalten, und so kamen noch Jana, Jens und Malte dazu, die gerade ihr Studium in Köln beginnen sollten.«

Es war in der Tat ein kleines Abenteuer, weil wir fünf jungen Menschen uns noch nie begegnet waren und aus unterschiedlichen Lebenslagen kamen, von Studienanfängern bis zu Berufseinsteigerinnen. Was uns jedoch verband, war die Einsatzbereitschaft, sich in der Gemeinde St. Theodor, in deren Haus wir ja auch wohnen durften, zu engagieren. So standen wir am Anfang vor zwei wesentlichen Herausforderungen und zugleich Chancen:

1. Wie wollen wir unser »Zusammenleben in Vielfalt«, in all unserer Unterschiedlichkeit – mit unterschiedlichen Be-

dürfnissen, Lebensrhythmen, Glaubensvorstellungen etc. – *innerhalb* der Gemeinschaft gestalten? (Wer sind wir? Was macht uns aus? Was sind unsere Werte? Was verbindet uns?)
2. Wie möchten wir uns in HöVi mit unseren Talenten, Ideen und Inspirationen einsetzen, das heißt nach außen wirken und ausstrahlen?

Beides waren und bleiben dynamische Prozesse. Konkret lassen sich hierfür folgende Beispiele nennen: Wir entschlossen uns, eine gemeinsame Kasse zu haben, alle Ausgaben für Lebensmittel, Haushaltsgeräte usw. werden gemeinsam gestemmt und getätigt. »Gleich ist nicht gerecht« – gemeinsame Kasse bedeutet nicht, dass jede und jeder denselben Betrag geben muss. Auch die Essgewohnheiten sind ganz unterschiedlich, einige essen vegetarisch. Vielmehr gibt es einmal im Monat eine Abrechnung: Es wird zusammengerechnet, was insgesamt ausgegeben wurde, und dann überlegen sich alle, was sie glauben, in diesem Monat ausgegeben zu haben und wie viel sie beitragen können. Am Ende ergibt sich so eine Summe, die meistens aufgeht, oder es wird nachjustiert, bis alles bezahlt ist und alle zufrieden sind.

Darüber hinaus hat sich die »Mahlgemeinschaft«, das gemeinsame Essen, als wichtiger Wert für uns herauskristallisiert: »Zu zweien isst's sich besser als allein.« In der Regel abends und oftmals auch mittags kommen wir zusammen, um gemeinsam zu kochen und im Wohnzimmer zu essen. Vor jedem Essen wird außerdem kurz innegehalten, ein Bewusstsein geschaffen – Dankbarkeit – für das, was uns geschenkt wurde: Essen, Beisammensein und gemeinsam Grundbedürfnisse stillen. Es wird gebetet – mal mit einem Gebetbuch, mal mit dem beliebten »Komm, Herr Jesus …«, mal ganz frei, und oftmals auch eine Kerze dabei entzündet, die auch die gemeinsamen Abendstunden erhellt. Schließlich hört für uns »Gemeinschaft« nicht bei den Mitgliedern der WG auf, sondern wir erachten Gastfreundschaft als einen zentralen Wert, den wir mit Leben füllen. Jede und jeder ist bei uns herzlich willkommen und wird eingeladen: zum Essen, zum Gespräch, zum Spielen, zur Weinprobe, zum Gebet, zum Tischkicker-Match, zum gemeinsamen Musizieren und Singen und Ähnlichem.

Was macht unsere WG »christlich«?
Ganz praktisch gesehen leben wir in einem Haus, das der Gemeinde gehört, und die Gemeinde befindet sich direkt gegenüber – der Weg ist kurz. Und diese Nähe drückt sich auch in einer gegenseitigen Verbundenheit und Unterstützung aus. Wir stehen in engem Austausch miteinander. Gerne bringen wir aus der WG uns ein, wo wir gebraucht werden und einen Beitrag leisten können: Sei es in der Sonntagsmesse, bei der Gestaltung von Gebeten oder beim Essenverteilen an Kranke und Seniorinnen und Senioren während des Lockdowns.

Auch ein zweiter »physischer Ort«, der sich wiederum in Handlungen und Haltungen ausdrückt, macht unsere WG besonders: Unter dem Dach befindet sich eine – wunderschöne – Hauskapelle, sie wird von uns oft als unsere »Perle« oder »Schatz« bezeichnet. Neben Altar, Tabernakel, Ewigem Licht stehen dort unsere Musikinstrumente: E-Piano, Schlagzeug, Cajon, Gitarre. Wir machen sehr gerne Musik zusammen, je nach Laune und Anlass unterschiedlich: Lagerfeuerlieder, englische Songs, Taizé-Lieder oder Worship-Songs, immer nach dem Motto: »Wer singt, betet doppelt.« Dieser Rückzugsort, zu dem man »nach oben« geht, vielleicht das Handy und andere Dinge hinter sich lässt, ist für uns eine kleine »Oase« im stressigen Alltag. Zum Beispiel haben Jannis und Carolin, die beide berufstätig sind, während der Pandemie beschlossen, ihren Tag gemeinsam in der Kapelle zu beginnen, einen »Start in den Tag« zu machen für ca. 15 Minuten: »Oft mit dem Glockenläuten von St. Theodor im Hintergrund starten wir den Tag mit einer kurzen Stille, mit dem Hören und Lesen des Tagesevangeliums und eines kleinen Impulses dazu sowie ggf. einem kurzen Austausch darüber und einem Lied. Nach dem Motto ›Ora et labora‹ fällt uns so das Aufstehen und Arbeiten leichter – und wir erfahren Struktur, Hoffnung und Kraft in diesen schwierigen Pandemie- und Home-Office-Zeiten.«

Eine weitere Besonderheit in der »Konstruktion« dieser Kapelle ist, dass die Tür am Ende zu einem Gästezimmer, in- klusive Badezimmer direkt hinter dem Tabernakel, führt, ein »Zimmer im Himmel«, wie wir es unseren Gästen anbieten. Und das symbolisiert auch unser Verständnis von »christlich«. Es bedeutet nämlich, dass wir offen, inklusiv sein wollen, auf andere zugehen, sie einladen, bei uns aufnehmen. Wir wollen die Frohe Botschaft mit Leben füllen, Nächstenliebe leben und praktizieren. Aus dem Glauben heraus, der uns Energie, Moti- vation und Kraft gibt, wollen wir ausstrahlen und uns in den Dienst der Gemeinde und der Gesellschaft stellen. »Christlich« soll kein abgrenzendes Identitätsmerkmal sein, und man muss nicht getauft oder »offiziell« Christ sein, um bei uns mitzuleben. Wir wollen Raum dafür geben, ganz *Mensch* sein können, dass jede und jeder so sein kann und darf, wie er/sie ist, und dass jede Form von Glaube und Nicht-Glaube und Zweifel hier auch Platz findet und wir uns gemeinsam darüber austauschen und gegenseitig inspirieren.

Was haben die Fokolare mit der WG zu tun?
Die Fokolare haben die Initiative gestartet und gaben uns jun- gen Leuten einen hohen Vertrauensvorschuss. Sie stehen uns auch weiterhin als Ansprechpartner zur Verfügung, begleiten uns und die jeweiligen (Entwicklungs-)Schritte. Wenn es die Coronabedingungen zulassen, laden wir uns auch gegenseitig zum Beispiel zum Essen und zum gemeinsamen Austausch ein. Insbesondere Johannes, 33 Jahre, Lehrer, ist quasi unser sechs- ter Mitbewohner. Er hat sein Arbeitszimmer bei uns in der WG und verbringt somit auch viel Zeit mit uns, er hat immer ein offenes Ohr, stellt zur richtigen Zeit die richtigen Fragen und ist

einfach da: für tiefgründige persönliche Gespräche, aber auch für lustige gesellige Abende.

HöVi und Taizé

Insbesondere geprägt und inspiriert von den Erfahrungen von Carolin und Jannis aus Taizé – die beiden lernten sich schon 2009 dort kennen und waren schon mehr als 20 Mal dort – beschlossen wir in der Wohngemeinschaft, Taizé-Gebete in HöVi anzubieten. Es sollte ein Angebot insbesondere für junge Menschen sein. Die für die Taizé-Spiritualität typische Stille und die meditativen Gesänge in verschiedenen Sprachen schaffen einen Rahmen für ganz unterschiedliche Leute: Glaubenssuchende, Zweifelnde, Spirituelle, Gläubige. Ein junger Teilnehmer spiegelte uns einmal zurück: »Eure Taizé-Gebete schaffen einen Ort des Friedens, der Zufriedenheit, sowohl äußerlich als auch innerlich, in einem selbst.« Für sich und trotzdem in Gemeinschaft sein – in dieser Balance hält das Taizé-Gebet. Dabei probieren wir immer wieder Neues aus bzw. passen uns an die gegebenen Umstände an: Zu Beginn, im Winter 2019, veranstalteten wir das Gebet in der Kirche St. Theodor inklusive eines »Get Together« im Anschluss. Denn auch das gehört für uns zusammen, gemeinsam beten, ruhig werden, reflektieren und miteinander ins Gespräch kommen, gemeinsam essen, trinken, lachen, feiern. Manchmal wurde das *Get Together* noch auf unserem WG-Balkon fortgesetzt. Unter Coronabedingungen verlegten wir dann das Gebet nach draußen, auf das Dach von St. Theodor. Das Taizé-Gebet »Open Air« mit Blick auf die untergehende Sonne und den Kölner Dom sorgte nochmals für eine besondere Atmosphäre. Auch musikalisch entwickelten wir uns weiter und involvierten weitere Menschen.

Mittlerweile gibt es eine Musikergruppe von knapp zehn Personen, die für die musikalische Gestaltung sorgt. Außerdem fingen wir an, das Gebet zu »streamen« via Facebook-Livestream, sodass Menschen an verschiedenen Orten teilnehmen können.

Als weiteres Angebot, gerade für die jungen Leute in der Gemeinde, haben wir zuletzt ein Abendgebet jeden Mittwoch initiiert: Für 15 Minuten via Zoom können sich Menschen einschalten und gemeinsam den Tag ausklingen lassen. Dafür haben wir eine ganz einfache Form gewählt, um wieder möglichst viele Menschen anzusprechen und ihnen ein wenig Hoffnung, Optimismus und Frieden zu schenken. Wir als WG spielen gemeinsam Lieder, lesen das Tagesevangelium laut vor, dann können alle freie Fürbitten vortragen – das, was gerade auf dem Herzen liegt. Mit einem Segen und Abschlussgebet runden wir die Viertelstunde ab.

Welche(n) Fehler sollte eine WG nicht machen?

Gemeinschaftsleben ist immer dynamisch, ein Prozess, verbunden mit vielen Chancen, aber auch Herausforderungen. Das wird gerade in Zeiten der Pandemie sichtbar. Viele Menschen, vor allem wenn sie alleine leben, fühlen sich einsam; der Mensch ist nun einmal ein »Beziehungswesen« und braucht soziale Interaktion, Begegnung, Beziehung. Trotzdem ist das Leben in Beziehungen nicht immer einfach, weil es auch bedeutet, Kompromisse einzugehen, sich auf andere einzustellen, die anders denken als man selbst. Es bedeutet auch, einmal die eigenen Bedürfnisse zurückzustellen, aus der Egozentrik herauszugehen, die Perspektive zu weiten, sich in andere hineinzuversetzen, sich und seine Handlungen zu reflektieren und wahrzunehmen, welche Auswirkungen diese auf andere haben. Oftmals sind wir in »individualistischen Systemen« eingebunden oder aufgewachsen: »*Me, myself and I*«, nur Selbsterfüllung, Karriere, Entwicklung. Dabei wird oft vergessen, dass wir nicht alleine auf der Welt leben, nicht »isoliert«, keine »Atome« sind, sondern immer schon in Interaktion, in sozialen Systemen eingebettet: »Du, Ich und Wir«. Das bedeutet nicht, dass das Individuum durch die Gemeinschaft ersetzt wird, denn dann geht es ins andere Extrem, sondern dass es sich um ein Dreieck von

»Ich«, »Du« und »Wir« handelt. Die Komponenten sind komplementär zu verstehen.

So ist »Gemeinschaft leben« immer auch mit Lern- und Veränderungsprozessen verbunden. Das haben wir immer wieder gespürt, insbesondere wenn sehr unterschiedliche Charaktere und Lebenswelten zusammentreffen. »Einheit in Vielfalt« oder *»different but one«.* Dabei sind zwei Pole in eine fruchtbare Spannung und Balance zu bringen:

- Was sollte unterschiedlich / individuell / frei sein und bleiben?
- Wo überschneiden sich die Kreise? Was genau verbindet uns, was ist das »Fundament« / die gemeinsame Wertebasis?

Diese gemeinsamen Werte und Ziele gilt es zu buchstabieren, zu konkretisieren, mit Leben zu füllen. Wir haben die Erfahrung gemacht, dass eine WG, die sich nicht nur als reine Zweck-WG versteht, sondern wirklich eine Gemeinschaft sein will, einen gemeinsamen Rahmen, eine Struktur braucht, wenn möglich schon gleich zu Beginn. Wir hatten das am Anfang nicht und das hat uns vor große Herausforderungen gestellt, uns auch Grenzen spüren lassen. Daraus haben wir gelernt, dass eine Wohngemeinschaft Werte und Regeln braucht und bei jungen Leuten auch eine Begleitung und Orientierung durch einen »Träger«, sei es von außen oder aber von dafür bestimmten Personen in der Gemeinschaft. Und es braucht ein *»commitment«,* ein Bekenntnis derjenigen, die in dieser Gemeinschaft leben wollen, zu diesem »Fundament«.

Aus unseren Erfahrungen haben sich folgende grundlegende Haltungen und Werte als zentral für das Zusammenleben herausgestellt: gegenseitiges Vertrauen, Offenheit sowohl gegenüber den anderen als auch, dass man sich selbst öffnet, authentisch und ehrlich ist, Kommunikation, vor allem gewaltfreie, direkte und offene Kommunikation, Freiheit: jedem seine Freiräume zu lassen, freie Entfaltungsmöglichkeiten, Ja, aber auch Nein sagen können, Nächstenliebe: die anderen so annehmen und wertschätzen, wie sie sind, ihnen mit Wohlwollen begegnen, Liebe schenken.

Ferner erwies es sich als wichtig für ein funktionierendes Zusammenleben, dass Aufgaben und Dienste, die im Alltag nun mal anfallen, Mülldienst, Putzen, Küchendienst usw., verteilt werden. Wir rotieren einmal monatlich. Außerdem haben wir gemerkt, wie bedeutsam genug Zeit und Raum für persönliche Anliegen, gegenseitige Aussprache und direkte Kommunikation ist: im Alltag und auch grundlegend. Deshalb hat die WG einmal im Monat einen *»Real Talk«* eingeführt, an dem sie sich Zeit nimmt, den vergangenen Monat zu reflektieren: Was war gut, was war weniger gut? Was wünsche ich mir für den kommenden Monat? Wie geht es mir gerade, was steht bei mir so an, was ist in mir gerade lebendig?

16. Fußball

Einmal im Jahr, vor Beginn der Bundesligaspiele, ist im Kölner Dom eine ökumenische Andacht für Fußballfreunde. Unser Erzbischof kann nicht immer teilnehmen, ist aber bekennender Fan des 1. FC Köln. Finden Sitzungen statt, während ein Spiel des FC läuft, gehört die Information über die Zwischenstände zum Ritual, das der Erzbischof auch gerne persönlich bedient.

Auch wenn es im Stadion kracht, ist die Kirche zur Stelle. Der Pfarrer von Köln-Müngersdorf, wo das Stadion liegt, ist beratendes Mitglied der Stadionverbotskommission. Dr. Wolfgang Fey ist als ehemaliger Militärseelsorger und promovierter Theologe eine gute Unterstützung für den Fanbeauftragten, eine Sozialarbeiterin und einige leitende Vereinsmitglieder, wenn es darum geht, ob ein Fan Stadionverbot bekommen soll. Hierbei gilt: Wer Fehler zugibt und Besserung gelobt, hat eine gute Chance auf Vergebung. Also wie bei der Beichte. Wer aber stur und bockig ist, dem wird die Lossprechung eher verweigert.

Ich erlaube mir einen kleinen Vorschlag. Bei uns verläuft die Erstbeichte der Kommunionkinder hundegestützt. Ein älterer, gütiger Priester, der bei den Beichten mithilft, hat einen Dackel. Dieses Jahr war das gute Tier sogar bereit, sich in einen Anhänger hinter einem Dreirad zu setzen, mit dem ein Kommunionkind in der freien Zeit zum Spielen herumfuhr. Das war natürlich ein Knaller und wurde per Handy sogleich festgehalten und versendet. Auch in unserer Pfarrbücherei ist ein Hund zugegen. Wenn die Kinder beichten oder den Büchereiführerschein machen, verfliegt jede Angst, wenn sie den Hund streicheln oder auch nur anschauen können. Vielleicht auch eine Idee für den FC, Aggressionen können durch sanfte

Hundeaugen und Streicheleinheiten genauso verfliegen wie Kinder-
ängste. Man sollte allerdings keinen Dobermann oder Kampfhund
einsetzen.

Fußball integriert Menschen, auf dem Platz in eine Mannschaft,
auf den Rängen und vor den Fernsehern in große Fangemeinschaf-
ten. Fußball, sagen einige, ist das letzte große Lagerfeuer der Gesellschaft.

Wie sehr der Fußball zu integrieren hilft, haben wir gemerkt,
als bei uns in Höhenberg-Vingst in Leichtbauhallen gut 400 Flüchtlinge untergebracht wurden. Mit unserem örtlichen Verein TuS Köln
rechtsrheinisch 1874 e. V. konnten fast 300 Jugendliche, Mädchen
wie Jungen, auf dem Platz (mit-)spielen, nach und nach auch in festen Frau- und Mannschaften. Es gelang, für alle Fußballschuhe und
Trikots zu bekommen. Einmal fuhr ich mit etwa 30 Jugendlichen
zum Kaufhof in der Kölner Innenstadt, damit sie sich dort unentgeltlich passende Fußballschuhe aussuchen konnten.

Ich überlegte: Wie kann ich für gute Stimmung sorgen? Durch
Reden ging es kaum, denn fast alle verstanden noch kaum Deutsch.
Also steuerte ich auf dem Heumarkt das Eiscafé an, bevor wir zum
Kaufhof zogen. Alle konnten sich zwei Bällchen aussuchen. Es war
nicht einfach zu vermitteln, dass jede und jeder wählen durfte, aber
es klappte. Die Damen und Herren im Kaufhof waren superfreund-
lich, nach einer halben Stunde hatten alle passende Fußballschuhe.
Dann ging es für ein Foto und einen kleinen Film auf die Rolltreppe.
Zum Dank, dass alle so diszipliniert mitgemacht hatten, gab es nun
an der Bude neben dem Kaufhaus für alle eine Portion Fritten.

Der derzeitige Präsident des FC Köln, Alexander Wehrle, sieht
das Heimspiel als Hochamt des Vereins an. Anders als beim Kirch-
gang warten in Köln tatsächlich 8000 (in Worten: achttausend) Mitglieder des FC auf eine Dauerkarte. Beim Hochamt in der Kirche
steht man ja wahrhaftig nicht Schlange. Außer jetzt, während der
Pandemie. Wir haben 106 Plätze in der größeren Kirche St. Theodor unter Coronabedingungen, man muss sich anmelden, kann
auch noch eine Stunde lang nach dem Gottesdienst vorbeikommen
und die Kommunion als Wegzehrung empfangen. Absagen erteilen

mussten wir nur vor Weihnachten. Dann fielen aber an den Feiertagen die Gottesdienste wegen des Lockdowns für Besucher aus und wurden im Internet gestreamt.

Für den vorherigen Präsidenten des Kölner FC, Werner Spinner, hatte ich eine Laudatio zu halten, als er das Goldene Steuerrad des Mülheimer Karnevalsvereins erhielt. Das Jahr zuvor hatte ich es erhalten. Ich mache so etwas stellvertretend für die Engagierten in HöVi gerne mit, weil wir von den damit verbundenen Spenden unsere Aktivitäten finanzieren. Meistens sind solche Preisverleihungen sowieso schöne Events.

Auch war ich begeistert, dass der FC gerade zur Teilnahme an der Kommunalwahl aufgerufen hatte. Ein T-Shirt mit der Aufschrift »Unsere Stadt – Unsere Wahl«, dem Wappen des FC und natürlich mit dem Geißbock konnte ich ergattern und ziehe es bis heute gerne an. Die rote Farbe ist schon recht verblichen, obwohl es sich als Qualitätsshirt bezeichnet.

Förderlich für mein Verständnis von Fußball war nun, dass ich mich für die Laudatio näher mit der Philosophie des Fußballs beschäftigen musste. Am Ergebnis möchte ich Sie nun teilnehmen lassen. Und es fängt, wie könnte es bei der wichtigsten Nebensache der Welt anders sein, mit dem Papst an:

Vor fast vierzig Jahren, vor der Fußballweltmeisterschaft 1978, hielt der spätere Papst Benedikt XVI., noch Erzbischof in München, eine Radioansprache über den Fußball, die heute noch so aktuell ist wie damals, weil sie tief bohrt.

Für Kardinal Ratzinger, den späteren Papst, ist der Fußball wie jedes Spiel eine Art von Heimkehr ins Paradies, zumindest der Versuch dazu. Das Spiel *muss* nicht sein und ist gerade darum schön. Zugleich ist das Spiel Symbol für das Leben. Kinder eignen sich im Spiel die Welt an, in großer Freiheit!

Fußball geht nicht ohne Training, wie jeder Sport, sowieso der Leistungssport. Im Training lernen wir Menschen die Verfügung über uns selbst. Das Mannschaftsspiel ist ohne Teamgeist nicht möglich, alle müssen sich einordnen.

Mehr als dreißig Jahre nach Ratzingers Radiovortrag hat der Philosoph Peter Sloterdijk das Buch geschrieben: *Du musst Dein Leben ändern*, der Titel ist ein Rilke-Zitat. Darin beschreibt er die europäische Kulturgeschichte als eine Art Trainingsgeschichte. Trainer sind darin nicht nur der Sport- und Fußballcoach, sondern auch der Abt, der die Mönche fordert und fördert, der Professor, der die Studierenden zu Höchstleistungen animiert, die Lehrerin, die den ängstlichen Kindern Mut antrainiert.

Ein guter Trainer nimmt der Torfrau oder dem Tormann die Angst vor dem Elfmeter. Natürlich ist Peter Sloterdijk auch kritisch. So schreibt er sehr zugespitzt: »Die Schule bringt weder Bürger noch Persönlichkeiten hervor, weil die Lehrer keine Vorbilder sind. Ohne Vorbilder ist Üben-Üben-Üben nicht möglich. Ohne Üben-Üben-Üben keine Selbstdisziplin. Ohne Selbstdisziplin keine Bürger und entwickelte Persönlichkeiten.« Ich möchte das »Weil« durch ein »Wenn« ersetzen: »Wenn die Lehrer keine Vorbilder sind«. Denn viele Lehrerinnen und Lehrer sind es: gute Vorbilder und Trainer ihrer Schüler!

Für Kardinal Ratzinger vor vierzig Jahren ist die ganze Fußballmannschaft Vorbild für die Zuschauenden im Stadion. Er sagt: »Die Spieler werden zum Symbol des eigenen Lebens; das wirkt wieder auf sie zurück. Sie wissen, dass die Menschen in ihnen sich selbst dargestellt und bestätigt finden.« Es ist wunderbar, wenn die Fußballvereine dies begreifen und sich deutlich gegen Fremdenfeindlichkeit, für Fairness und Familienfreundlichkeit engagieren.

Stadionkathedralen

Fußballstadien sind moderne Kathedralen. Joseph Beuys schrieb am 9. November 1979 auf eine Tafel: »Die Mysterien finden im Hauptbahnhof statt.« Also nicht mehr in der Kathedrale, sondern im Alltag, mitten im Verkehr. Die Welt ist nicht entzaubert, wohl aber haben sich die Orte verschoben, an denen sich das Wundersame ereignet.

Die Kathedralen sind die Fußballstadien, Messdienerinnen sind die Cheerleaderinnen, in der Liturgie wird viel gesungen. Die Treue der Gläubigen, im Stadion als Fans bezeichnet, ist fast grenzenlos. In Köln lautet der Refrain des Stadionliedes:

> »*Mer schwöre dir he op Treu un op lehr:*
> *Mer stonn zo dir, FC Kölle!*
> *Un mer jon met dir wenn et sinn muss durch et Füer!*
> *Halde immer nur zo dir, FC Kölle!*«

Übersetzt ins Hochdeutsche:

> »Wir schwören dir hier in Treue und Ehre:
> Wir stehen zu dir, FC Köln!
> Und wir gehen mit dir, wenn es sein muss, durchs Feuer!
> Halten immer nur zu dir, FC Köln!«

Das Lied hat etwas von dem Pathos und der unbedingten Selbstverpflichtung, mit dem Katholiken früher *Fest soll mein Taufbund immer stehen* intonierten – in der alten Textfassung auch ein Anti-Protestanten-Lied, als ginge es beim 1. FCK immer gegen Bayer Leverkusen.

Der Stadion-Ritus, zu dessen Beginn der Hymnus inbrünstig gesungen wird, ist in zwei Abschnitte gegliedert, dazwischen eine Pause zum Luft- und Bierholen: Halbzeit. In der Heiligen Messe gibt es zuerst den Wortgottesdienst, dann im zweiten Teil die Eucharistiefeier. Dazwischen ist eine Sitz-Pause.

Der Fußball ist Kultur und Heimat. Gemeinschaft, frohes Miteinander, Zugehörigkeit, gar Treue und Ehre. Eben die wichtigste Nebensache der Welt.

Der Soziologe Richard Sennett drückt die Sehnsucht nach diesem gemeinsamen Gefühl der Vielen in seinem Buch *Der eindimensionale Mensch* so aus: »Eine der unbeabsichtigten Folgen des Kapitalismus [...] ist der wachsende Wunsch nach Beheimatung.« Das geht quer durch alle Schichten der Gesellschaft. Im Stadion finden sich alle ein, wenn auch sortiert nach Stehplatz, Südkurve, Sitzplatz und VIP-Lounge, darin mit Canapés, woanders Schnittchen genannt. Es gab auch mal eine Zeit in den Kirchen, da mussten die guten Sitzplätze vorne oder in Seitenlogen gekauft werden, es wurden Messingschildchen angebracht, auf denen die Namen der Vornehmen und Reichen aus dem Sprengel standen: reservierte Plätze. Da trauten sich die anderen nicht hin.

Fußball verbindet die Menschen auch außerhalb der Stadien. Neben dem Wetter ist er das zentrale Thema für den Smalltalk. Hier kann jede und jeder mitsprechen, hier ist jede und jeder Trainer und Experte. Bis über den Tod hinaus, in manchen Städten gibt es auf den Friedhöfen spezielle Begräbnisfelder für die Fans des lokalen Clubs: Heimat auf ewig.

Einfach Fußball

Das Geheimnis des Fußballs ist seine Einfachheit.

In unserem Veedelsverein, dem TuS Köln rechtsrheinisch 1874, spielen wie gesagt viele Jugendliche mit, die Flüchtlinge sind. Deutsch können sie kaum, Fußball sehr wohl. Sie alle erhalten dank der Unterstützung lieber Menschen in den lokalen Sportgeschäften Fußballschuhe. Die Jugendlichen strahlen vor Glück – Willkommenskultur mit einem Paar Schuhe. Der wöchentliche Trainingstermin ist eine heilige Zeit: Keiner verspätet sich!

Der Bundesligist 1. FC Köln hat 1000 Flüchtlinge zu einem Spiel ins Stadion eingeladen. Auf den Trikots der Spieler stand bei diesem Spiel nicht der Name des Hauptsponsors REWE, sondern das Wort »Toleranz«. Der Sponsor war einverstanden.

Fußball geht ohne Reden, geht ohne die Hände, sonst ist es sogar ein Foul, alles reduziert sich auf die Beine! Es ist genial einfach und damit einfach genial.

Die Weisheit des Spiels haben Sepp Herberger und Uwe Seeler auf den Punkt gebracht. Sepp Herberger: »Ein Spiel dauert neunzig Minuten.« Uwe Seeler: »Das Geheimnis des Fußballs ist ja der Ball.«

»Der Ball ist rund«, deshalb ist er der Garant des Zufalls. Alles ist möglich, sogar der Sieg des Kleinstadtvereins gegen den Bundesligisten in den Pokalrunden und in der WM ein siegreiches Island gegen Frankreich – wenn es auch selten vorkommt. Es ist nicht gut, wenn der Sieg schon vor dem Anpfiff feststeht. Es ist nicht schön, wenn Bayern München immer Deutscher Meister wird. Dann geht die Einfachheit und Offenheit des Spiels verloren. Wenigstens im Spiel sollte alles möglich sein – das ist das Versprechen des Fußballs an die Zuschauer.

Es wird zurzeit diskutiert, ob unsere westlichen Gesellschaften genügend Kohäsion, Zusammenhalt, *Togetherness* besitzen, um sich mit dem Islamischen Staat und dem Terrorismus auseinanderzusetzen. Hier kann der Fußball einfach hilfreich sein. Er ist Beispiel und Vorbild für Identifikation, Teamgeist, Gemeinschaftstaktik. Sogar für Opferbereitschaft: Wer den Ball nicht abgibt und zuspielt, ist falsch in der Mannschaft. Teamgeist und Opferwille zeigen auch die Terrorgruppen – nicht aber Toleranz, Spielfreude, Respekt vor dem Gegner. Der Fußball, der dies vorlebt, stärkt die Demokratie. Flüchtlinge, die zum Mitspielen in die Vereine eingeladen werden, merken einfach, dass sie willkommen sind. Einfach Fußball.

Am Lagerfeuer

Das letzte Lagerfeuer der Gesellschaft wird der Fußball genannt. Vielleicht ist es für ältere Menschen auch noch das Gespräch über den sonntäglichen Tatort-Krimi. Oder man begnügt sich mit dem Austausch über das Wetter. Allerdings berichten die Medien, dass in der Pandemie die Familien wieder beginnen, gemeinsam Fernsehen zu schauen. Also nicht jede und jeder in seinem Zimmer seine oder ihre eigene Sendung.

In den Blick geraten jetzt auch die »kleinen Freundschaften« neben den Busenbeziehungen, also den dicken Freundinnen oder Freunden. Für das Wohlbefinden scheinen die kleinen Beziehungen des Alltags wichtig zu sein. Der Smalltalk mit der Briefträgerin, die Wurstscheibe für das Enkelkind in der Metzgerei oder an der Fleischtheke im Supermarkt, der Snack am Kiosk beim Zeitungskauf. Mit Maske kann man sich kaum anlächeln, Flirten geht schon gar nicht. Fußballkumpels sind ebenfalls nicht »ganz eng«, aber irgendwie auch unzertrennlich.

Respekt im Zeitalter der Ungleichheit heißt ein weiterer Buchtitel des Soziologen Richard Sennett. Das Buch will befördern, was der Titel verrät. Der Fußball verspricht das auch: Respekt und Anerkennung. Aber auch die größten Fußballgötter können ohne die Liebe der einfachen Fans in der Südkurve tief stürzen. Wie in der Kirche ist im Fußball ein Aufstieg von ganz unten nach ganz oben möglich. Die Zuschauer im Stadion wie im Dom sind grundsätzlich alle gleich in ihrer Leidenschaft.

Diese Egalisierung findet ein Ende bei der Wahl der Sitz- oder Stehplätze. Klar, ein eingefleischter Fan wird beim Heimspiel in der Südkurve stehen. Ein Mitglied unseres Kirchenvorstandes hat seit zwanzig Jahren für seinen Sohn und sich zwei Dauerkarten für Sitzplätze im oberen Teil der Südkurve, ein echter Schatz: Wie gesagt, 8000 Kölner warten darauf.

Die Egalisierung dringt selbst in die Kabinen ganz oben ein, die Firmen oder andere mit den entsprechenden Geldmitteln anmieten können. Nachdem ich die Laudatio für Präsident Werner Spinner gehalten hatte, lud er mich zu einem Spiel ein. Seine Sekretärin rief im Advent an, und ich saß am vierten Advent ganz oben in der Promi-Lounge. Da war ich noch nie. Es gab im Innenraum hinter Fenstern im Restaurant zu essen und zu trinken, was man sich nur so vorstellen kann. Aber auch Currywurst.

Draußen vor den Fensterscheiben saßen viele mit einem Tablett auf den Knien und aßen während des Spiels weiter. Ich muss gestehen, dass ich nur selten auf das Spielfeld schaute, mehr auf den großen Monitor darüber. Unten konnte ich als ungeübter Stadionbesucher wenig entdecken, auf dem Bildschirm war es wie Fernsehen.

Das Spiel ging gegen Borussia Dortmund. Das fand ich interessant – weniger wegen des Vereins, sondern wegen Jürgen Klopp, der noch der Trainer beim BVB war. Ich bin sein Fan, aber nicht wegen des Fußballs, sondern wegen seiner Art der Menschenführung. Er geht auf seine Spieler ein und betrachtet die Aufgaben aus ihrer Sicht. »Die Zukunft gehört der empathischen Führungskraft«, schreibt Zuzana Blazek vom Institut der Deutschen Wirtschaft. Klopp wäre auch ein guter Bischof.

In der Spielpause stand es 0:0. Der Präsident kam zu mir und sagte: »Können Sie denn nicht etwas machen, Sie haben doch den besseren Draht.« Nach oben, meinte er wohl. Obwohl das ja Quatsch ist, spielte ich natürlich mit und sagte: »Ich mache, was ich kann.« Es lag wirklich nicht an mir und dem Herrgott: Aber der FC gewann mit 2:0.

Es war überhaupt erst das zweite Mal, dass ich im Stadion war. Gewöhnlich geht das ja nie, weil samstags Taufen, Trauungen und die Vorabendmessen sind. Vor Jahrzehnten war ich da gewesen aus »volkskundlichem Interesse«. Ich wollte einfach live zusehen, was da abgeht. Auch damals gewann der FC. Vielleichte sollte ich doch öfter mal hin … Ich machte aber einen schweren Fehler. Als ein vierbeiniges Tier in die Mitte des Feldes geführt wurde, dachte ich, es sei ein Schäferhund, und fragte meine Begleiterinnen und Begleiter, ob es wohl Sicherheitsprobleme gebe, weil ein Schutzhund dabei sei. Seither weiß ich sicher, dass der Geißbock das Maskottchen des FC ist. Außerhalb der Spiele wohnt er im Kölner Zoo, früher bei einem Bauern.

Christus und der SSV Vingst 05

Bei uns in HöVi sind Bewegung und Musik wichtige Instrumente der Unterstützung der Familien. So gibt es eine Gruppe für Männer, die im Sommer gemeinsam Fußball auf dem Platz spielen, im Winter in einer Halle. Ob es gut ist, dass sie danach zum Umtrunk eine Wirtschaft besuchen, lasse ich offen. Frauenfußball bieten wir bisher noch nicht an. Wie sehr der im Kommen ist, lese ich oft in der linken *taz*, die ich neben der eher konservativen *FAZ* beziehe. Die *taz* hat wohl die umfangreichste Berichterstattung über Frauenfußball.

Im Fußball kommen die Körper in eigenartiger Form zum Einsatz. Direkte Berührungen sind verboten und können schnell als Foul geahndet werden. Den Ball dürfen die Spielerinnen oder Spieler mit dem Fuß oder mit dem Kopf berühren, auf keinen Fall mit der Hand. Diese Einschränkungen machen den Reiz des Spiels aus. Verboten und erlaubt: Die Unparteiischen wachen darüber, unterstützt von den Linienrichterinnen oder Linienrichtern, neuerdings auch durch Videoüberwachung.

Es gibt wohl keine Religion, die das Körperliche so betont wie die christliche. So glauben wir Christen an die Auferstehung des Leibes nach dem Tod. Das meint natürlich nicht den irdischen Körper, sondern den ganzen Menschen mit Leib und Seele.

Weihnachten wird klar, dass Gott in seinem Sohn ganz Mensch wird, als Baby wie wir alle geboren. Ganz Gott und ganz Mensch nimmt Christus auch den Tod in Kauf. Als er am Kreuz hängt und stirbt, durchstößt ein Soldat seine Brustseite mit einer Lanze. Der berühmte Jahrhunderttheologe Karl Rahner hat seine Doktorarbeit über die »Hervorbringung der Kirche aus der Seitenwunde Christi«, also aus dem Leib, geschrieben.

Neben der Körperlichkeit ist es das Spiel, das Kirche und Fußball in Verbindung bringt. Romano Guardini, Vater der Liturgischen Bewegung, bezeichnete den Gottesdienst als »Heiliges Spiel«. Der spielende Mensch, *»homo ludens«*, verarbeitet im Spiel sein Leben – in der Liturgie der Kirche wie im Fußball. Für viele Menschen ist heutzutage der Fußball die entscheidende Liturgie, in der sie ihren Alltag hinter sich lassen können und sich zweckfrei bewegen. Das gilt für das Fußballspiel, aber auch für den Gottesdienst. Die Menschen sind zusammen und können sich begeistern lassen, um den Alltag zu vergessen. Ich bin ja kein eingefleischter Fußballfan, kann mich aber bei den Weltmeisterschaften immer begeistern, wenn chancenlose Teams, etwa aus Afrika, ein Spiel gewinnen.

Die Kirmes in Vingst organisieren wir gemeinsam mit dem Kirchenchor und unserem örtlichen Fußballverein Vingst 05. Ihm konnten wir auch in gemeinsamer Anstrengung zusammen mit der Stadt Köln zu einem Kunstrasenplatz verhelfen, indem wir gute

Menschen als Spenderinnen und Spender fanden. So tun sich die Kinder nicht mehr so weh wie vorher auf dem Aschenplatz.

In unserer Kinderstadt HöVi-Land in den Sommerferien mit über 600 Kindern spielt Sport eine große Rolle. Für die Schwimmbäder konnten wir einen guten Eintrittstarif aushandeln. Die Jugendlichen können sogar Wasserski fahren und mit Kanus auf der Sieg unterwegs sein, weil uns die Verleiher beim Preis zum Glück entgegenkommen. Auf dem HöVi-Land-Platz selbst gibt es Kistenklettern und eine Hüpfburg. Körpererfahrung pur.

Auf dem Gelände von zwei unserer Grundschulen hat der Deutsche Fußballbund das erste seiner bisher mehr als 1000 Mini-Spielfelder finanziert. Neuerdings bieten wir auch Väter-und-Kinder-Fußball an. Und wir haben einen Einrad-Parcours für Kinder und Jugendliche, wohl der einzige auf der ganzen Welt.

Zurück aus HöVi ins Müngerdorfer Stadion, wo der FC spielt. Im Advent findet hier der große Gemeinschaftsevent der Stadt statt: das Weihnachtssingen. Natürlich abends mit vielen Lichtern. Zuletzt war dies vor der Pandemie im Advent 2019 möglich, dann kam Corona und Singen war verboten, auch in den Kirchen. Denn, so sagt die Wissenschaft, beim Singen stoßen wir dreißigmal so viele Aerosole aus wie beim Sprechen.

Gesang ist die Sprache der Engel, lautet ein Wort in der orthodoxen Kirche. Martin Luther zitiert Augustinus: Wer singt, betet doppelt. Also sind auch die Fangesänge auf dem Fußballplatz ein wichtiger Teil der Liturgie. »Wo man singt, da lass dich ruhig nieder. Böse Menschen haben keine Lieder«, dieser alte Spruch stimmt leider nur begrenzt, wenn man nur schon an die Trommler und Lieder der Soldaten denkt, die in die Schlacht zogen. Musik kann allerdings auch heilen. So berichtet die Bibel, wie der junge David den König Saul durch Harfenspiel von seiner Depression befreit.

Die moderne Hirnforschung lehrt, dass die Hirnentwicklung durch Musik deutlich gefördert wird. Also hin zur Vernunft durch gemeinsamen Gesang, im Fußballstadion wie in der Kirche!

Elke M., *74 Jahre:*

Der Bürgerverein Köln-Höhenberg unterstützt die Bürgerinnen und Bürger im Benehmen mit der Kirche. Ich will nur den Aspekt der Gesunderhaltung für unsere Mitbewohnerinnen und Mitbewohner herausgreifen.

Der Bürgerverein hat in Zusammenarbeit mit der Kirche an verschiedenen »neuralgischen« Punkten Hundekot-Beutelspender aufgehängt. Wir haben erkannt, dass Hundekot eine Unfallgefahr für Geh- und Sehbehinderte darstellen kann. Zudem stellt Kot ein Infektionsrisiko dar, wenn er über Schuhsohlen in Wohnungen gelangt oder wenn Kinder in kontaminierten Sandkästen spielen.

Problematisch war auch die Situation der ärztlichen Versorgung in Höhenberg durch den Wegzug eines Allgemeinmediziners. Hier konnte der Bürgerverein unter Mithilfe der Apotheken nach beschwerlicher Suche einen neuen Hausarzt für die Betreuung der Höhenberger gewinnen. Eine Maßnahme, auf die wir zu Recht stolz sind.

Der Bürgerverein hat im Zusammenwirken mit der Apotheke, dem Seniorennetzwerk und dem Hausarzt eine Initiative gestartet, die die gesundheitliche Versorgung in Höhenberg nachhaltig verbessert, die medizinische und soziale Infrastruktur aufbauen und die vorhandenen Strukturen stärken soll. Dabei will uns die Katharina-Henoth-Gesamtschule mit einem Projekt unterstützen.

17. Klimawandel

Nach mir die Sintflut! Das könnte ich als älterer Mensch von fast 70 Jahren sagen, wenn ich auf den Klimawandel schaue. Warum wäre das gerade jetzt in Coronazeiten unfair?

Weil doch all die pandemiebedingten Einschränkungen des normalen Lebens gerade uns älteren Menschen nützen. Auf den Punkt gebracht: Wer mit über 80 Jahren erkrankt, stirbt mit 23-prozentiger Wahrscheinlichkeit an der Infektion, bei über 70 Jahre sind es sieben Prozent. Das sagen die Wissenschaftler. Also müht sich die Gesellschaft derzeit besonders um uns Seniorinnen und Senioren! Dafür sollten wir dankbar sein!

Aus Dankbarkeit sollten wir uns dem Klimawandel widmen. Also unseren Kindern und Enkeln vorleben, was zu tun ist, und wenigstens sollte es nicht vorrangig an uns Alten liegen, wenn wir den Jungen eine überhitzte Erde überlassen. Wissenschaftlerinnen und Wissenschaftler sagen, dass wir noch acht Jahre haben, um die Kurve zu kriegen. Andere sind noch kritischer und meinen, es sei sogar schon fünf nach zwölf. Was können wir Senioren tun?

Konrad Beikircher, der rheinländische Kabarettist aus Südtirol und auch noch Musiker, hat verbreitet, dass er nicht mehr das Flugzeug nutzen will. Als älterer Mensch will er darauf verzichten. Die Heinrich-Böll-Stiftung bietet unentgeltlich den Klima-Atlas an. Wir können ihn bestellen und weitergeben. Viele von uns Älteren haben es durch Fleiß zu einem Eigenheim gebracht. Das klappt heute nicht mehr so leicht. Wir könnten uns kleiner setzen und die große Wohnung einer Familie mit Kindern überlassen. Zugegeben: Das ist nicht leicht! Vor allem berührt es das sogenannte Kooperationsdilemma der Wirtschaftswissenschaft. Warum soll ich etwas tun, wenn der Nutzen für das Klima für mich kaum erkennbar ist? Was nützt mein Verhalten im Großen und Ganzen? Bin ich vielleicht sogar der Dumme, wenn ich so denke und handle?

Ich mache einen einfacheren Vorschlag. Gerade wir Älteren sollten die loben und hochschätzen, die sich für ein neues Bewusstsein einsetzen. Wenn jemand also sagt, die Grünen seien doch Ökofaschisten, gehen wir in den Ring. Wenn einer die Gutmenschen verspottet, die vegetarisch oder vegan leben, um die Schöpfung zu schonen, findet er unseren Widerspruch.

In unserer Pfarrei sage ich den älteren Menschen oft: Wir Älteren können nicht mehr so viel tun wie früher. Aber wir können die, die sich engagieren, mit unserer Hochachtung belohnen. Und wir können für ihre Ziele und ihr Engagement auch spenden, weil wir oft gute Renten und etwas angespart haben. Nicht zu vergessen: Bei den Wahlen sind unsere Stimmen von Bedeutung! Denn von uns gehen überdurchschnittlich viele wählen und haben somit großen Einfluss. Mein Vorschlag: Nehmen wir ihn wahr!

Den Riesen wecken

Was kann man im Kleinen ganz praktisch tun, um den Klimawandel zu stoppen? Nach dem Motto: Wenn viele kleine Leute an vielen kleinen Orten etwas Kleines machen, kann Großes herauskommen.

Mich überzeugt, was der Umweltwissenschaftler Ernst Ulrich von Weizsäcker, 80 Jahre alt, überlegt hat. Er sagt: »Der schlafende Riese heißt Effizienz. Dieser muss geweckt werden.«

Also habe ich überlegt, wo ich effizienter, also wirksamer mit Energie umgehen kann. Dabei half mir der Supermarkt. Dort gab es LED-Birnen günstig zu kaufen. Und ich erinnerte mich, dass ich tatsächlich in meinem Badezimmer seit 28 Jahren eine Hundert-Watt-Birne leuchten lasse! Eigentlich unglaublich. Gedacht, getan. Nun hängt dort eine LED-Birne von 8 Watt. Zum Glück habe ich vor einiger Zeit einen Kühlschrank gekauft, als der alte den Betrieb einstellte. Der neue ist A+++.

Diese Erinnerung hat mich etwas getröstet, eine andere noch viel mehr. Im Advent hängen wir an 130 Straßenlaternen in unserem Stadtteil Weihnachtssterne auf, jeweils mit 21 Glühbirnen. Bis vor zwei Jahren waren es Birnen zu jeweils 7 Watt, also pro Stern 147 Watt. Dann haben wir auf LED umgestellt, jede Birne zu 0,4 Watt. Die Ersparnis ist enorm: Vorher haben wir 1300 Euro für allen Strom bezahlt, nun 230 Euro! Das ist ja wirklich effizient. Und es hat noch einen anderen Vorteil: Die alten Birnen zu 7 Watt gingen schnell kaputt und waren auch teuer – wer benutzt schon Glühbirnen zu 7 Watt?! Die neuen LED-Birnen sind robust und wir müssen sie kaum auswechseln.

Ein anderes Beispiel für Effizienz: Eine unserer Kirchen musste nach dem Erdbeben von 1992 abgerissen werden. Die neue wird mit Erdwärme beheizt. Damals durfte man nur 30 Meter tief bohren, heute sind es 50 Meter. Das verdoppelt die Effizienz. Da es eine Fußbodenheizung ist, geht die Wärme nicht direkt nach oben in den hohen Raum weg wie in unserer anderen Kirche, die eine Warmluftheizung hat. Da wir als arme Gemeinde auch sparen müssen, heizen wir im Winter nur auf dreizehn Grad. Alle wissen das und ziehen sich eben warm an. Ich habe schnell kalte Hände. So haben mir liebe Menschen Handschuhe gestrickt, die die Finger frei lassen. Die ziehe ich im Winter im Gottesdienst an.

Natürlich kann man auch durch Verzichten dem Klima nützen. Also auf das Flugzeug verzichten und mit der Bahn fahren. Oder keine Kreuzfahrt buchen, wenn das Schiff mit Schweröl angetrieben wird. Es gibt ja neuerdings Schiffe, die klimafreundlich sind. Zu Hause kann man die Heizung herunterdrehen. Mir ist schnell kalt, so heize ich in meinem Arbeitszimmer ziemlich hoch, in den anderen Räumen nicht. Im Schlafzimmer ist es für einen ruhigen Schlaf ja eh besser, wenn es kühl ist.

Repair – reduce – reuse – recycle: Alles auf Englisch, das finde ich normalerweise nicht so gut. Ich finde es besser, die deutsche Sprache zu pflegen. Wenn es um den Klimawandel geht, gefällt mir allerdings das Quartett aus vier Begriffen. Es ist ja eine Alliteration, also auf Deutsch: ein Stabreim. So kann man es leicht auswendig lernen und im Alltag umsetzen.

Repair meint Reparieren. *Reduce* heißt reduzieren, also weniger verbrauchen. *Reuse* bedeutet wiederverwenden. Und *recycle* ist das Wort dafür, Rohstoffe wie etwa Plastik nicht auf dem Müll zu lassen, sondern neu einzusetzen.

Bei *Repair,* also Reparieren, gefallen mir sehr die *Repaircafés,* die es inzwischen an vielen Orten gibt, zum Beispiel einmal im Monat in Brühl. Wenn die Kaffemaschine nicht mehr will, wie bei mir, packe ich sie unter den Arm und gehe zum *Repaircafé.* Dort sind Elektriker, oft pensioniert, die das Teil unter die Lupe nehmen. So weiß ich nun: Ich muss die Kaffemaschine nach der Befüllung zweimal hart aufschlagen, dann funktioniert sie wieder wunderbar. Warum, bleibt mir verborgen. Im *Repaircafé* treffen sich auch nette Leute bei Kaffee und Kuchen, Fachsimpelei eingeschlossen.

Reduce, reduzieren. Ich habe meinen Stromverbrauch stark verringert, weil ich auf LED-Licht umgestiegen bin. Mein Bruder hat seiner Familie ein Haus gebaut, das fast keine Energie zum Heizen verbraucht. Mein Schwager heizt mit Wärmetauscher aus der Luft. Solaranlagen auf dem Dach bringen ebenso große Wirkung.

Reuse, also wiederverwenden, machen wahrscheinlich schon die meisten Menschen. Plastiktüten sind verpönt, außer man benutzt sie immer wieder wie eine Stofftasche. Für Obst gibt es in den Supermärkten ja inzwischen Netze, die man immer wieder verwenden kann.

Recycle, also die Materialien neu einsetzen, kennen wir von Plastikdingen. Ebenso von Glasflaschen. Am besten ist natürlich, auf möglichst viel Plastik oder Glasflaschen zu verzichten. So kaufen wir in unserer Gemeinde keinen Sprudel mehr in Plastik- oder Glasflaschen, sondern machen ihn mit Leitungswasser und Kohlensäure selbst. In unserem Kirchencafé oder unserer Kinderstadt im Sommer mit Geräten, die eine 25-Kilo-Kohlensäureflasche betreibt.

Repair – reduce – reuse – recycle: Die Salzburger Hochschulwochen hatten 2020 die Überschrift: »Du musst dein Ändern leben!« Dabei helfen die vier Wörter, auch wenn sie englisch sind.

Hans-Joachim Höhn, *Professor für Theologie an der Universität Köln:*

»Entscheidend christlich ist, was alle Menschen verbindet!«
Notizen zu einer Theologie aus Köln-Vingst

Vom Kölner Stadtteil Vingst weiß man außerhalb Kölns nur wenig. Mehr als die Bezeichnung »sozialer Brennpunkt« fällt auch in Köln vielen Zeitgenossen nicht ein. Nach kurzem Nachdenken schieben sie allerdings nach, dass es die Wirkungsstätte des alternativen Ehrenbürgers und Pfarrers Franz Meurer ist. Von ihm wiederum weiß man, dass er Praktiker und Pragmatiker ist. Man könnte ihn auch einen kölschen »Veedelskümmerer« oder einen hartnäckigen Kiezqualitätsoptimierer nennen. Er kennt die Arbeitslosenquote und die Dunkelziffer häuslicher Gewalt. Man muss ihm nicht erklären, in welchen Straßenzügen die Armut zur Miete wohnt. Er weiß, wem er auf die Füße treten muss, um einem anderen aus einem Schlamassel zu helfen. Man hört ihm zu, wenn er Klartext redet, Unrecht anprangert und Solidarität einklagt.

Ein unkonventioneller und umtriebiger Gottesmann ist er natürlich auch. Was immer er sich vornimmt, es drängt ihn zur Tat. Wer mit ihm in seiner Pfarrei zu tun bekommt, bekommt bald selbst jede Menge zu tun. Franz Meurer ist beständig auf der Suche nach »Machern«, nach Leuten, die anpacken und mitmachen. Ihn selbst mit diesen Kennzeichen zu versehen, wird ihm aber nicht gerecht. Wer seine Tätigkeit als kirchliche Sozialarbeit klassifiziert, übersieht, wie viel Kopfarbeit Meurer in seine Pastoral investiert. Damit sind nicht allein die Bücher gemeint, die gelegentlich als geschichtenstarke Praxisreflexionen und anekdotenreiche »Praktikumsberichte« erscheinen. Meurers Pfarrhaus quillt über – bereits im Eingangsbereich von allerhand Material für seine Projekte der Sozialpastoral. Wer es über die mit weiterem Zubehör bestückte Treppe in den ersten Stock schafft und seine Wohn- und Arbeitsräume betritt, staunt über eine Privatbibliothek der besonderen Art. Das angesammelte Ideen- und Gedankenmaterial lässt alle Regale überquellen – und verschlägt dem staunenden Besucher zunächst die Sprache.

Mir erging es so vor einigen Jahren, als ich in Vingst zu einem besonderen Frühstückstreffen eingeladen war. Ich kam aus dem Staunen nicht heraus angesichts der Fülle und des scheinbaren Durcheinanders von klassischer Belletristik und neuester Fachliteratur aus Philosophie, Soziologie und Ökonomie. Hinzu kamen Stapel von Zeitungsauschnitten und Zeitschriftenartikeln. Mir war schnell klar: Hier wohnt jemand, der Bescheid wissen und mitreden will. Die beiden Stammgäste der Frühstücksrunde – der Kabarettist Jürgen Becker und der Journalist Martin Stankowski – hatten durchaus Mühe, selbst zu Wort zu kommen. Aber damit schienen sie vertraut zu sein. Im Jahr 2007 hatten sie gemeinsam ein Buch veröffentlicht mit dem Titel *Von wegen nix zu machen … Werkzeugkiste für Weltverbesserer* (KiWi-Taschenbuch 2007, Neuauflage 2012). Das Buch war bei regelmäßigen Frühstückstreffen entstanden und für mehr als zehn Jahre setzten sie diese Tradition fort. Zwar entstand kein neues Buch, aber es wurde weiterhin heftig diskutiert. Und da man bald wusste, was jeder in der Dreierrunde zu sagen hatte, lud man zwecks Vermeidung von Wiederholungseffekten jeweils einen vierten Gast ein. Und so fiel das Los eines Tages auf mich – ein Theologe, der allerdings in dieser Runde zunächst sprachlos war. Still und stumm war ich zum einen des bibliophilen Staunens wegen und zum anderen, weil Franz Meurer dozierte.

Wer viel erlebt, hat viel zu erzählen. Wer viel liest, kann viel zitieren. Franz Meurer zieht hinter sich ein Schleppnetz her, in dem er das *best of* selbst erlebter Geschichten und von anderen übernommener Einsichten sammelt. Wer von ihm zitiert werden will, muss mit aphoristisch zugespitzten Merksätzen zur Sache kommen. In Abwandlung einer Notiz des Philosophen Ludwig Wittgenstein könnte man ihm die Devise zuschreiben:

Alles, was gesagt werden kann, muss kurz und knapp gesagt werden können. Anders formuliert: Was nicht in kurze Texte passt, ist kaum der Rede wert.

Ich habe mich gefragt, ob man auch Franz Meurers Pastoral mit wenigen Worten auf einen solchen Nenner bringen kann. Von ihm selbst wird zwar der Kölner Spruch gern zitiert: »Nichts ist so schlecht, dass es nicht für etwas gut sein könnte!« Aber dieser Spruch formuliert noch keinen theologischen Gedanken, von dem her und auf den hin der Praktiker und Pragmatiker auch seine spektakulären interreligiösen Aktionen und mutigen ökumenischen Projekte begründen könnte. Nehmen wir einmal an, es käme wegen dieser Aktionen und Projekte einmal zu einer Vorladung Meurers ins Generalvikariat des Erzbistums Köln. Wie könnte er sich gegen den Vorwurf wehren, er politisiere die Seelsorge und relativiere die dogmatischen Vorgaben des katholischen Katechismus? Wie könnte er reagieren auf vermeintlich wohlmeinende Korrekturen: »Ökumene? Ja, aber bitte ohne Verlust konfessioneller Profile! Dialog der Religionen? Gerne, aber bitte ohne Verzicht auf das unterscheidend Christliche!«

Sollte es einmal zu einer solchen Situation kommen, würde sich Franz Meurer vermutlich einen theologischen Notizzettel einstecken, auf dem Folgendes stehen könnte: Entscheidend christlich ist es, für das einzustehen, was alle Menschen verbindet, was sie eint und einander gleich macht. Das ist zugleich das Katholische am Christentum und der Maßstab kirchlichen Handelns – inklusive Seelsorge und Liturgie. Maßgeblich für die katholische Kirche ist ein Leitbild, mit dem deutlich wird, dass alle Unterschiede zwischen Menschen relativiert werden von einer je größeren Gemeinsamkeit. Diesem Leitbild entspricht eine Praxis politisch-sozialer Diakonie, die sich für den Abbau diskriminierender Unterschiede einsetzt und sich den Verbindlichkeiten stellt, die aus dem Wissen um das alle Menschen Verbindende erwachsen.

Es ist anzunehmen, dass im Generalvikariat eine derart kurz und knapp gehaltene Begründung nicht auf Anhieb einleuchtet. In solchen Fällen wird in der Regel eine nachträgliche ausführliche Darlegung gewünscht. Ich stelle mir vor, dass Franz Meurer dann sein Pastoralteam zusammentrommelt und weitere Argumente sammelt. Vielleicht beruft er auch wieder eine Frühstücksrunde ein – mit mir als viertem Gast. In meinem Statement würde ich bei der Sorge der Kirchenoberen um die Identität der Kirche und ihre Unterscheidbarkeit von andern sozialen Akteuren ansetzen: Es geht nicht darum, Unterschiede zu verwischen, sondern sie an der rechten Stelle zu orten und als Ermöglichung von Beziehungen zu identifizieren. In der Bibel beginnen alle Verhältnisbestimmungen mit der Unterscheidung von Schöpfer und Geschöpf. Es ist der größtmöglich denkbare Unterschied. Denn man kann von Schöpfer und Geschöpf keine Gemeinsamkeit aussagen, die nicht von einer je größeren Verschiedenheit überboten und relativiert wird. Aber zugleich begründet der Unterschied zwischen Schöpfer und Geschöpf, zwischen Gott und Mensch die Gleichheit und Ebenbürtigkeit aller Menschen. Gottes »Ebenbild« zu sein (Gen 1,27), ist die größtmöglich denkbare Gemeinsamkeit, die von allen Menschen auszusagen ist. Die geschöpfliche »Gleichstellung« aller Menschen begründet die Gleichheit von Wert und Würde jeder menschlichen Person. Sie kann durch nichts überboten oder nachträglich relativiert werden. Für diese Gemeinsamkeit steht auch die Rede vom universalen Heilswillen Gottes (vgl. 1 Tim 2,4). Dass jeder Mensch Adressat einer unüberbietbaren Zuwendung Gottes ist, auf die in guten wie in schlechten Zeiten existenziell Verlass ist, kann durch nichts gesteigert oder infrage gestellt werden. Wenn die Kirche das Verhältnis Gottes zum Menschen in ihrem Handeln bezeugen will, ist sie ihrerseits auf die Praxis unbedingter Hinwendung zum Menschen in seinen guten wie in seinen schlechten Tagen verwiesen.

Diese Sätze hören sich an wie der übliche Theologenjargon. Aber sie haben es in sich. In ihnen steckt eine Partitur des Christseins und des Kircheseins, die nicht bloß gelesen, sondern aufgeführt werden will. Wer dies tut, fällt auf in einer Gesellschaft, die bei Identitätsvergewisserungen der Logik der Unterscheidung folgt und die Praxis identitätsstiftender Distanzierung von anderen favorisiert. Wenn dagegen Christen bezeugen, dass jeder Unterschied zwischen Menschen umgriffen ist von einer je größeren Gemeinsamkeit, profilieren sie sich mit der Herausstellung dieses allen Menschen Gemeinsamen. Auf diese Weise setzen sie in dieser Zeit ein Zeichen des wohltuenden Andersseins. Es ist diese Orientierung am alle Menschen Verbindenden, welche das entscheidend Christliche im sozialen und politischen Kontext ausmacht. Diese Orientierung hat Folgen: von der Flüchtlings- und Asylproblematik bis hin zum Thema Inklusion in der Schule. Das Evangelium von Gottes unbedingter Zuwendung zum Menschen lässt sich angemessen nur bezeugen in einer Praxis, die das vollzieht, was sie bezeugt. Genau darin bestehen Auftrag und Identität der Kirche: Ort und Geschehen der Begegnung mit dem unbedingten Heilswillen Gottes in der Weise unbedingter Zuwendung zum Menschen zu sein.

Vermutlich hat Franz Meurer diese theologische Argumentationshilfe gar nicht nötig. Er ist ausreichend belesen und kirchenpolitisch hinreichend versiert, um kirchenlehramtlich vorgetragene Zweifel mit lehramtlichen Dokumenten entkräften zu können. Er wird daher seiner Antwort ans Kölner Generalvikariat prägnante Zitate aus der Enzyklika *Deus caritas est* (2006) von Papst Benedikt XVI. beifügen. Nirgendwo ist bisher deutlicher gesagt worden, dass die Kirche theologisch als Sakrament der Einheit von Gottes- und Nächstenliebe zu bestimmen ist. Beide Vollzüge sind miteinander verschränkt und »gehören so zusammen, dass die Behauptung der Gottesliebe zur Lüge wird, wenn der Mensch sich dem Nächsten verschließt« (DCE

Nr. 16). Gottes- und Nächstenliebe stehen nicht zueinander im Verhältnis von Grund und Folge, sondern schließen sich wechselseitig ein. Caritas ist daher auch keine Art von Wohlfahrtsaktivität, welche die Kirche auch anderen Akteuren überlassen könnte, sondern »unverzichtbarer Wesensauftrag ihrer selbst« (Nr. 25). Die Zuwendung zu Menschen in Bedrängnis ist nicht additiv, sondern konstitutiv für das Kirchesein.

18. Sozialistisch

Vor fünfzig Jahren hieß sie SSK, Sozialistische Selbsthilfe Köln. Darin engagierten sich Menschen für Jugendliche, die in Heimen oder in der Psychiatrie untergebracht waren. Sie besetzten Häuser, in denen sie Jugendliche aufnahmen, die aus den Heimen flohen. Nachts brachen sie in die Psychiatrie in der ehemaligen Abtei in Brauweiler ein, stahlen Akten, kopierten sie, brachten sie noch in der gleichen Nacht zurück.

Der traurige Durchbruch kam, als eine Frau in Brauweiler versuchte, über die Mauer zu klettern, herunterstürzte und starb. Da kümmerten sich endlich auch Öffentlichkeit und Politik um die Situation in der Psychiatrie und den Heimen. Heute sagen führende Verantwortliche im Landschaftsverband Rheinland: Ohne den Druck der SSK hätte sich die Psychiatrie im Rheinland nicht reformiert.

In der Folge kamen von überall viele junge Menschen nach Köln, um bei der SSK Obdach zu finden. Das wuchs den Engagierten natürlich bald über den Kopf. Aber es wurde zum Katalysator. Fast allen war klar: So, wie es in der Jugendpsychiatrie und -sozialarbeit ist, kann es nicht bleiben. Hier ist nicht der Ort, die Geschichte ausführlich zu erzählen. Wen es interessiert, findet Näheres unter www. ssm-koeln.org.

Nun ein Sprung von fünfzig Jahren. Die SSK gibt es noch, sogar zweimal in Köln. Ein Teil hat sich umbenannt in SSM, Sozialistische Selbsthilfe Mülheim. Mülheim ist ein Stadtteil von Köln, ein altes Arbeiterviertel, am Rhein gelegen. Dort hatte die SSM eine alte Fabrik besetzt. Die Gebäude nutzt sie heute legal.

Seit 40 Jahren leben in dieser alten Fabrik Menschen zusammen in hergerichteten Wohnungen und gewinnen ihr Einkommen durch

Entrümpelungen, Verkauf gebrauchter Möbel und Umzüge. Derzeit finden dort 30 Menschen Wohnung und Arbeit. Das ist der Clou: Sie leben nicht von staatlicher Unterstützung, sondern helfen sich selbst in Gemeinschaft.

Warum unterstütze ich das seit vielen Jahren als Pastor?

Weil es eben sozialistisch ist im Sinne der Urkirche und politisch im Sinne von Papst Franziskus. In der Apostelgeschichte heißt es: »Alle Gläubiggewordenen hatten alles miteinander gemeinsam. Sie verkauften ihr Hab und Gut und verteilten davon an alle, je nachdem einer bedürftig war. [...] Der Herr aber mehrte täglich die Zahl derer, die gerettet werden sollten« (Apg 2,44–47).

Dieser Urkommunismus ist bei Papst Franziskus zu spüren, wenn er eine arme Kirche wünscht. Diesen Urkommunismus lebt die Sozialistische Selbsthilfe. In Köln fehlen 60 000 Wohnungen. Kapitalistisch klappt es nicht, Angebot und Nachfrage ins Gleichgewicht zu bringen.

Für mich ist die SSM geradezu prophetisch. Zumindest ist sie ein wichtiger Seismograf der Gesellschaft. Und ein Vorbild. Mit Fantasie und Spucke kann man sich gemeinsam aus dem Elend ziehen. Mit Spucke im wahrsten Sinne des Wortes, denn es ist ja Handarbeit, die das Auskommen sichert.

Inzwischen hat auch die Stadt Köln begriffen, was sie an der SSM hat.

Komm Rhein

Die SSM hatte von der Hafengesellschaft eine uralte kleine Halle direkt am Rhein als Möbellager erwerben können. Da der Platz in der alten Fabrik sehr begrenzt ist, reifte zuerst der Plan, eine neue Möbelhalle hinter die alte Lagerhalle auf dem Grundstück am Rhein zu bauen. Über den Raum für die *Second-Hand*-Möbel im Erdgeschoss sollten sechs Appartements im ersten Stock für obdachlose Menschen kommen, zugänglich über eine Treppe außen. Es hat tatsächlich geklappt, auch weil die Stadt sich durchrang, einen Betrag von

170 000 Euro zu geben für die Garantie, dass dort zehn Jahre lang ehemals obdachlose Menschen wohnen. Ein sehr gutes Geschäft für die Stadt, denn müsste sie den Bewohnern Wohngeld zahlen oder sie weitgehend alimentieren, wäre das viel teurer! Natürlich packten die Mitglieder der SSM beim Bau an. Ein sozial engagierter Architekt hatte die Pläne gestiftet, der professionelle Betonbauer hielt die Kosten im Rahmen.

Die SSM braucht jährlich 300 000 Euro, um für 30 Menschen den Mindestlohn und die Sozialversicherungen zu zahlen. Immer ist sie strukturell unterfinanziert. Wenn der Lastwagen für Umzüge und Entrümpelungen kaputtgeht, ist die Krise da. Dann schickte ein Engel des Herrn im Traum die rettende Idee. Das Grundstück der Hafengesellschaft: direkt am Rhein! Das war es. Hier ein Café eröffnen und die vielen Spaziergänger bewirten – das wäre ein tolles Geschäftsmodell!

Ein Architekt machte unentgeltlich den Plan. Ich konnte Wohltäter für die wunderbare Idee um Geld bitten, mein Bruder baute als Schreinermeister das Café ehrenamtlich mit Freunden.

Soeben hat der am Rhein benachbarte Ruderverein der SSM 500 Euro übergeben als Hilfe in der Pandemie, wie die Presse berichtet. Die Ruderinnen und Ruderer dürfen in Coronazeiten nicht mehr gemeinsam rudern, haben aber über 4000 Kilometer in anderer Form in Bewegung verbracht und für jeden Kilometer eine »Fahrtkostenpauschale« abgerechnet, wie sie es nennen.

Warum finde ich diese kleine Geschichte so wichtig? Weil sie zeigt, wie auch bürgerliche Menschen das Projekt der SSM positiv wahrnehmen. Das ist ja mein Traum, dass die Spaltung der Gesellschaft überwunden oder zumindest vermindert wird. Die Soziologinnen und Soziologen nennen das Segregation oder Segmentierung, also die Trennung der sozialen Schichten und Gruppen. Es ist sehr schön, dass aufgrund der guten Berichterstattung der Presse und des Fernsehens nun auch begüterte Menschen das Modell der SSM toll finden, weil es auf Selbsthilfe basiert. So hat soeben ein Unternehmer tatsächlich eine WMF-Profi-Kaffeemaschine gestiftet, weil er von der SSM las. Mir stockte der Atem, als ich vom Preis von fast 12 000 Euro erfuhr. Aber das Ding ist natürlich ein Segen für das Café. Denn es bereitet Cappuccino, Café au lait, Kakao, Espresso in Topqualität zu und ohne nach hundert Tassen den Betrieb aufzukündigen.

Ein anderer begüterter Mensch hatte Geld für den Café-Bau gespendet und kam zur Einweihung vorbei. Zum Glück ist er wie ich älter und musste nach dem Kaffeegenuss die Toilette aufsuchen. Der Anblick dort bewirkte, dass er für rund 20 000 Euro die Komplettrenovierung nicht nur bezahlte, sondern auch managte.

Den Namen des Cafés hat der Kölner Kabarettist Jürgen Becker erfunden, der von der »Stunksitzung« kommt und durch die »Mitternachtsspitzen« im WDR-Fernsehen bekannt wurde. »Komm Rhein« prangt als Leuchtreklame am Café, das direkt hinter der Hochwasserschutzmauer den direkten Blick auf den Rheinbogen in wenigen Metern Entfernung freigibt. Für die Gestaltung des Namens und eines kompletten Layout-Programms hat ein Unterstützer mal ganz vorsichtig eine Agentur angefragt. Das hätte, ja auch zu Recht, Tausende gekostet. So übernahm der Mensch die Gestaltung selbst. Das Ergebnis sieht aus wie von der Kreativ-Direktorin persönlich erfunden.

Bei uns in HöVi arbeiten wir schon seit vielen Jahren mit der SSM zusammen. Denn wir machen nichts mit Möbeln. Dafür reichen auch die rund 800 Quadratmeter Fläche im Basement unserer Kirche nicht aus. Denn dort sind ja schon Fahrradwerkstatt, Kleiderkammer, Kinderbedarfskammer, Schreinerei, Metallwerkstatt, Lagerräume für die Weihnachtssterne, Materialien für die Kinderstadt ... Im Frühjahr bekamen an einem einzigen Tag 58 Kinder und Erwachsene ein Rad oder Rädchen. Zum Glück reißen die Spenden gebrauchter Räder nicht ab.

Also hilft uns die SSM, wenn wir Möbel für bedürftige Menschen benötigen. Auch Transport und Aufbau sind bei ihr in guten Händen. Revanchieren können wir uns mit den Leistungen unseres Kirchencafés. So liefern die Damen, die dort wirken, der SSM gerne Plattenkuchen für das Café. Natürlich unentgeltlich. Denn teuer sind ja nicht die Zutaten wie Mehl, Hefe, Eier, sondern teuer ist die

Arbeit, und die geschieht bei uns ehrenamtlich. Unser Café-Team findet das Projekt der SSM genauso toll wie ich und unterstützt es gerne.

Auch hier also Solidarität statt »Jede und jeder für sich«. Wie beim Ruderverein, der an die Nachbarn denkt.

Hausbesetzer, Hausbesitzer und Günter Wallraff

Rainer Kippe ist von Anfang an bei der SSM, einst SSK, dabei. Mit 75 Jahren fährt er noch jede Woche an zwei Tagen den LKW bei Transporten oder Entrümpelungen. Sein zentraler Satz lautet: »Auch wer arm ist, wird in Köln respektiert.« In einem Interview mit dem *Kölner Stadt-Anzeiger* begründet er, warum das so ist:

»Ich bin Sachse, aufgewachsen in Oberfranken, ein Lutheraner. Was eine katholische Kultur ausmachen kann, das habe ich erst in Köln erfahren. Wenn einer arm ist, wird er von den Kölnern immer noch mit Respekt behandelt. Sie werden nicht gehasst, nicht verachtet, das halte ich für etwas ganz Wesentliches in dieser Stadt. Natürlich gibt es hier die preußische Verwaltung, aber das ist nur Tünche, die entspricht nicht der Seele Kölns. Was immer die preußische Provinzialverwaltung, heute in Person des Regierungspräsidenten, sagen mag, die Kölner handeln ganz anders. Das muss man als oberfränkischer Protestant erst mal lernen.«

Nun möchte ich hier keine Betrachtung von protestantischer und katholischer Kultur weiterführen, weil bei uns ja sowieso alles, was immer geht, ökumenisch läuft. Doch Rainer Kippe bringt es gut auf den Punkt: der Blick von den Menschen her. Darin ähnelt er dem Papst und irgendwie auch Jesus.

So ist er mit seinen 75 Jahren noch immer Hausbesetzer. Natürlich unterstützt von vielen andern. Kürzlich: eine Besetzung eines Hauses in der Kölner Südstadt neben dem Großmarkt. Die Oberbürgermeisterin will räumen lassen. Die Einsatzkräfte der Polizei stehen bereit. Doch es gelingt Kippe und einem immer breiter werdenden Team von Unterstützerinnen und Unterstützern, das Blatt zu wenden. Keine Räumung. Das Haus ist baulich zu marode, um es sicher für Wohnzwecke einzurichten. Nun stellt die Stadt ein anderes Haus zur Verfügung auf der anderen Seite des Rheins. Fast 50 vorher obdachlose Menschen haben nun ein Dach über dem Kopf. Sie gründen einen Verein und nennen sich »Obdachlose mit Zukunft«. Soeben hat ein Unternehmen einen hochwertigen Fußbodenbelag im Wert von 10 000 Euro zur Verfügung gestellt, einschließlich der Verlegung durch ihre Fachleute. Andere spendierten zwei neue Waschmaschinen.

Die Sprecherin des Vereins sagt: »Wir haben hier in der kurzen Zeit schon einiges verwirklicht. Wir treffen uns wöchentlich zum Austausch, bauen eine Struktur auf, schaffen, was die Politik bisher nicht erreicht hat – einen sicheren Rückzugsort für die Menschen, die bisher auf der Straße gelebt haben. Langfristig möchten wir mit Kunstprojekten, einem Café und einer Fahrradwerkstatt einen gemeinschaftlichen Ort kreieren, an dem sich Menschen aus allen Schichten treffen.«

Genau das ist ja auch mein Traum.

Dank lieber Spenderinnen und Spender konnte ich die erste Ausgabe eines Buches mitfinanzieren, das die ganze Aktion und die Situation von obdachlosen Menschen in Köln dokumentiert. Es ist nun im Buchhandel erhältlich: *RatSchläge. Gegen Wohnungsnot und Stadtzerstörung in Köln*, erschienen im Weissmann Verlag, Köln 2020. Vielleicht von Interesse für die, die tiefer einsteigen möchten.

Die Hausbesetzung und auch das Buch, das reich bebildert nur 8 Euro kostet, haben die Kölner Stadtgesellschaft bewegt. So bildete sich bald der Verein »Arche«, in dem sowohl Konrad Adenauer (der Sohn), Vorsitzender des Haus- und Grundbesitzervereins, wie auch der Journalist Günter Wallraff Unterstützer sind. Dazu steht mehr im Internet: www.arche-obdach.org.

Wallraffs Buch *Ganz unten* ist übrigens das meistverkaufte der Nachkriegszeit mit einer Auflage von mehr als 5 Millionen Exemplaren. Darin schildert er die zwei Jahre als türkischer Leiharbeiter Ali in Deutschland. Das Buch wurde in 38 Sprachen übersetzt.

Vorsitzender des Vereins ist Konstantin Neven DuMont, der Sohn des verstorbenen Verlegers der drei Tageszeitungen in Köln und Umgebung. Alle Spenden, die eingehen, werden von der Bethe-Stiftung verdoppelt. Nach zehn Tagen waren schon mehr als 80 000 Euro zusammen. Damit konnte ein Wohnprojekt über die Winterzeit in einer Jugendherberge unterstützt werden. Wegen Corona stand die Herberge ja leer. Auch konnte der Verein »Obdachlose mit Zukunft«, den ich oben vorgestellt habe, eine Summe erhalten.

Ich mache gerne mit, weil sich die Arche auch für *»Housing first«* einsetzt. Das meint, dass als erster Schritt der Hilfe für obdachlose Menschen ein eigenes Zimmer wichtig ist. Danach können dann weitere Überlegungen folgen. Fachleute sagen zum Beispiel, dass 80 Prozent aller Obdachlosen auch seelisch erkrankt sind, neben den körperlich-gesundheitlichen Problemen durch das Leben auf der Platte.

Sobald ein Zuhause geschaffen ist, kann man Schritt für Schritt weiteres angehen. Eine einst obdachlose Frau, die in einem Appartement lebt, unterstütze ich zum Beispiel nur noch ab und zu. Als der Kühlschrank kaputt war, spendierte ich einfach einen neuen. Wie sehr sie im »bürgerlichen« Leben angekommen ist, zeigt sich daran, dass sie Versicherungen abgeschlossen hat. Einmal im Jahr übernehme ich die Kosten von knapp 100 Euro mit Freude.

Adele M., *76 Jahre*:

Seit nun 19 Jahren arbeite ich einmal wöchentlich in der Lebensmittelausgabe in Köln-Vingst. Ich bin sehr froh und dankbar, dass ich als einfache Hausfrau auf diese Weise meinen Beitrag für die Gemeinde und die Mitmenschen erbringen kann.
Mit meiner Arbeit zeige ich Menschen in finanzieller Not, dass
sie nicht ausgeschlossen werden und bei uns die nötige Unterstützung bekommen. Dies tut meiner Seele sehr gut.

Ein Lächeln von unseren Kunden stärkt mein Durchhalte-
vermögen jede Woche aufs Neue.

Wir, als Gemeinschaft in der Gemeinde Vingst, schließen
niemanden wegen dessen Herkunft, Hautfarbe oder Religion
von unserer Unterstützung aus. Doch leider können wir nur
eine begrenzte Anzahl von Hilfesuchenden annehmen, unsere
Grenze von 200 Klienten ist durchgehend erreicht. Trotz unserer begrenzten Anzahl an Plätzen ist die Tür für Einwohner aus
Vingst und Höhenberg immer geöffnet.

Wir wünschen uns jederzeit tatkräftige Unterstützer für unsere immer älter werdenden ehrenamtlichen Mitarbeiter.

Helga G., *68 Jahre*:

Es gibt nichts Gutes, außer man tut es. Vor über 20 Jahren fing es
bei mir an. Meine Kinder waren aus dem Gröbsten raus und ich
wollte, statt nur Hausfrau und Mutter zu sein, etwas anderes für
mich machen. Ich schaute mich in der Pfarrei um und war er-
staunt, was es alles an sozialen Einrichtungen gibt. Ich entschied
mich für die Kinderkleiderkammer. Es fing im Kleinen in Höhenberg an und später dann in St. Theodor in Vingst, wo wir enorm
viel Platz hatten. Das ließ einem das Herz höher schlagen. An-
fangs war es ein wenig chaotisch. Es war nur eine Helferin dabei.
Ganz schnell sprach es sich herum. Wir haben angefangen, mit
Terminvergabe zu arbeiten. Das hat die Arbeit angenehmer gemacht. Nach und nach kamen Helfer dazu. Zuerst kamen sie aus
Neugier und dann wollten sie helfen, fanden Spaß daran. Nun

sind wir mit neun Frauen dabei. Neben der Kleidung gibt es auch Fahrräder, Spielsachen und alles, was Kinder sonst noch brauchen. Da Kinder immer etwas brauchen, sind wir auch in Coronazeiten für sie da. Natürlich mit Maske und Abstand.

Wir machen es nun schon viele Jahre und es macht uns immer noch viel Freude und Spaß. Besonders, wenn uns die Kinderaugen dankend anstrahlen, dann wissen wir, wofür wir es machen. Wenn die Gesundheit es zulässt, werden wir noch lange weitermachen. Denn das Team ist so gut zusammengewachsen, dass daraus mittlerweile Freundschaft geworden ist. Einmal im Jahr machen wir gemeinsam einen Ausflug. Das bringt uns noch mehr zusammen.

Margret Sch., *72 Jahre:*
Zu der Mithilfe in der Kinderkleiderkammer bin ich durch meine Enkelin gekommen. Als sie geboren wurde, hat mein Sohn noch studiert und das Geld war nicht so übermäßig vorhanden. Eine Bekannte sagte mir, dass es in der Kirche eine Stelle gibt, wo man für Kinder Sachen umsonst bekommt. Da bin ich dann hingegangen. Es war schon imposant, als ich gesehen habe, was es dort alles gab. Dann bin ich mit Helga G. und ihrem Team ins Gespräch gekommen. Nach einigem Überlegen habe ich meine Hilfe angeboten. Ich dachte, wenn man etwas geschenkt bekommt, dann sollte man auch helfen. Bis heute gehe ich noch sehr gerne dorthin. Wir sind ein gutes Team. Da ich mit Frau K. befreundet war, hat sie mich, als meine Tochter zur Erstkommunion ging, gefragt, ob ich mit ihr als Katechetin die Gruppe leiten möchte. Das habe ich dann auch einige Jahre lang sehr gerne gemacht. Durch Frau K. bin ich auch in den Kirchenvorstand gekommen, aus dem ich dieses Jahr aus Altersgründen ausscheiden werde. Alle diese Tätigkeiten habe ich gerne gemacht. Die Kinderkleiderkammer macht mir auch heute noch viel Freude. Ich habe nette Leute kennengelernt, was ich nicht missen möchte.

19. Kinderlob

Der Arbeitstitel für dieses Buch lautete: »Das Evangelium von HöVi«. Es sollte also darum gehen, wie die Botschaft Christi heutzutage die Menschen bei uns froh machen kann. Evangelium heißt ja aus dem Griechischen übersetzt frohe oder gute Botschaft. Für mich habe ich es noch ein wenig weiter übersetzt zu »Frohe Botschaft *in* HöVi«, unserem Stadtteil Höhenberg und Vingst.

An dem Morgen, an dem ich diesen Text schrieb, wurde mir das aus dem Mund der Kinder bestätigt. Unterwegs mit dem Fahrrad brachte ich in der Pandemie Blumen und Obstkörbchen zu Menschen in den Seniorenheimen. In Briefumschlägen steckten Informationen vom evangelischen Pfarrer, unserem Pfarrgemeinderatsvorsitzenden und anderen.

In einem Umschlag waren Artikel aus verschiedenen Zeitungen und Zeitschriften zum Thema Eisenbahnen. Die waren für einen Rentner bestimmt, der fast 50 Jahre für die Deutsche Bundesbahn als Bahnlehrer gearbeitet hatte. Er schreibt an einem Buch über die Bahn und freut sich über aktuelle Artikel. Zusammen mit seiner Gattin hat er vor Jahrzehnten eine Spielplatzinitiative gegründet, die bis heute nicht nur den Spielplatz betreut, sondern auch ein reges Programm für Familien und Kinder organisiert. So ähnlich wie unsere ökumenische Familienwerkstatt.

Als ich den Umschlag in den Briefkasten steckte, quollen drei Kinder aus der Tür. Die älteste, etwa 12 Jahre alt, sagte: »Du bist doch auch einer von HöVi-Land?!« Damit meinte sie unsere ökumenische Kinderstadt in den Sommerferien mit über 600 *Pänz*. Ich bejahte es. »Ist denn im Sommer wieder HöVi-Land? Wir sind Fans davon!« Nun konnte ich im Blick auf die Pandemie nicht bestätigen, dass das HöVi-Land stattfinden werde, wohl aber das HöVi-Dorf, die verkleinerte Version wie im Vorjahr für leider nur 200 *Pänz* zu Coronabedingungen. Zwei der drei Kinder vor mir waren auch dabei gewesen, wie sie mit strahlenden Augen erzählten. Das Beste an HöVi-Dorf war, dass bürgerliche Eltern auf die Teilnahme ihrer Kinder verzichtet hatten, damit arme Kinder eine schöne Ferienzeit verleben konnten.

Frohe Botschaft: Ich war sehr froh nach der Begegnung mit den drei *Pänz*. Sie gaben mir Hoffnung in der Pandemie. Ihre Sehnsucht nach Gemeinschaft und ihre unverstellte Fröhlichkeit aus der Erinnerung an eine schöne Zeit gaben mir innere Kraft. Wenn Gemeinschaft geschieht, sind die anderen Dinge egal, ob gebastelt wird, das Schwimmbad lockt oder Gruppenspiele angesagt sind.

Das ist das Evangelium in HöVi: *Communio,* Zusammenhalt. In unserer Kölner Mundart, also *op Kölsch,* heißt das: *»Ich loss dich nitt em Riss«,* das meint etwa: Ich lasse dich nicht hängen, nicht allein, nicht ohne Hilfe.

Im achten Psalm steht in Vers 3: »Aus dem Mund der Kinder schaffst Du Dir Lob.« Daran dachte ich nach der Begegnung mit den drei *Pänz.*

Ein Lob weniger für mich als älteren Mann von 70 Jahren, aber für die mehr als 100 jugendlichen Leiterinnen und Leiter in der Kinderstadt und die vielen engagierten Erwachsenen.

Zum Schluss des Buches möchte ich Ihnen die beiden Bibeltexte vorstellen, die mir besonders gefallen im Ersten und im Neuen Testament. Salomon wünscht sich ein hörendes Herz. Wir hier in HöVi bemühen uns, von den Menschen her zu denken, also ihre Sehnsüchte und Wünsche zu ergreifen.

Und wir setzen nicht auf äußeren Status oder Reichtum. Im Himmel kannst du nur mit dem bezahlen, was du auf der Erde verschenkt hast.

20. Lieblingsbibelgeschichten

Ein hörendes Herz – 1 Kön 3,4–28

Mitten in der Nacht erscheint eine gute Fee und sagt: »Du hast einen Wunsch frei, den ich dir erfüllen werde.« Was sagen Sie dann? Ein Lottogewinn? Die Traumfrau oder den Traummann finden? Eine Reise um die Welt?

Genau das erlebt der junge König Salomo in der Bibel. Gott erscheint ihm des Nachts im Traum und sagt: »Erbitte, was ich dir geben soll.« Was wünscht sich der junge Mann? Ein großes Königreich? Den Sieg über die Feinde? Eine wunderbare Prinzessin an seiner Seite?

Nichts davon! Er sagt zu Gott: »Ich bin ein junger Mensch und weiß nicht aus noch ein. Gib also deinem Knecht ein hörendes Herz, damit er zu unterscheiden weiß zwischen Gut und Böse.«

Gott ist offensichtlich begeistert und antwortet: »Weil du gerade diese Bitte gestellt und dir nicht ein langes Leben, Reichtum oder das Leben deiner Feinde, sondern Einsicht erbeten hast, um auf das Recht zu achten, darum will ich deine Bitte erfüllen.« Dann kommt noch ein *bonus track,* wie man heute einen Nachschlag nennt: Gott schenkt ihm obendrein Reichtum, Ehre und ein langes Leben.

Sogleich nach diesem wunderbaren Traum muss sich das hörende Herz des Königs bewähren, im sprichwörtlichen Salomonischen Urteil. Zwei Dirnen kommen zum König. Beide haben ein Kind geboren. Doch die eine hat es im Schlaf erdrückt. Sie schiebt es der anderen Frau unter und nimmt deren lebendiges Kind. Nun stehen beide vor dem König, der entscheiden soll, wer das lebende

Kind erhält. Was tun? Salomo fällt das Urteil: halbe-halbe. Also soll mit einem Schwert das lebendige Kind geteilt werden, für jede der beiden Frauen die Hälfte. Die falsche Mutter sagt: »Es soll weder mein noch dein sein, zerteil es!« In der wahren Mutter regt sich die Mutterliebe. Sie sagt: »Ach, mein Herr, gebt ihr das Kind und tötet es nicht!« Nun erhält natürlich die wirkliche Mutter ihr Kind – ein wahrhaft salomonisches Urteil.

Die Geschichte endet so: »Ganz Israel hörte von dem Urteil, das der König gefällt hatte, und bekam Ehrfurcht vor dem König, denn man sah, dass göttliche Weisheit in ihm war, um Recht zu sprechen.«

Ein hörendes Herz, das wünsche ich uns allen. Wenn demnächst Ihnen eine gute Fee im Traum erscheint, wissen Sie nun, was der beste Wunsch ist!

Der reiche Kornbauer – Lk 12,16–20

Meine Lieblingsgeschichte im Neuen Testament der Bibel ist die vom reichen Kornbauern. Dieser Landwirt freut sich über eine riesige Ernte, viel zu viel für seine Scheunen. Also will er größere bauen und dort alles unterbringen. Er sagt zu sich selbst: »Dann kann ich zu mir sagen: Du hast großen Vorrat für viele Jahre; ruh dich aus, iss, trink und lass dir wohl sein!«

Von wegen, der Einschlag folgt sogleich!

»Da sagte Gott zu ihm: Du Tor, diese Nacht noch wird man dein Leben von dir fordern! Wem aber wird gehören, was du angesammelt hast? So geht es dem, der für sich Schätze sammelt, aber vor Gott nicht reich ist.«

Eine beinharte, ja bedrohliche Geschichte. Also muss die Frage lauten: Wie wird man denn reich vor Gott?

Hierzu hat Leo Tolstoi eine schöne Geschichte geschrieben, die ich ein wenig modernisiere. Es geht auch um einen sehr reichen Menschen. Er hat alles, was das Leben schön macht: eine Villa, einen Leibkoch, Bodyguards, natürlich einen Rolls Royce und viele Angestellte.

Als es ans Sterben ging, sagte er zu seinem Lieblingsdiener: »Pack mir diesen dicken Sack Goldmünzen in meinen Sarg! Man muss ja vorsorgen.«

Mit dem großen Sack Gold kommt er im Himmel an. Völlig außer Atem, denn er hatte ja nie schwer getragen. Er setzt sich auf die nächste Wolke und verspürt nach der Anstrengung ein Gefühl des Hungers. Er schaut umher und sieht auf der übernächsten Wolke eine Leuchtreklame: Restaurant zu den sieben Engeln. Als er näherkommt, liest er auch: Jedes Gericht zum Einheitspreis: eine Kopeke. Die Geschichte kommt ja aus Russland. Es ist ein Selbstbedienungsrestaurant, die Engel gehen schließlich auch mit der Zeit. Der reiche Mann packt sich auf sein Tablett, was Sie sich wünschen würden, vielleicht Cordon bleu, Fritten und Erdbeereis. Der Engel an der Kasse sagt: »Eine Kopeke bitte.« Der Reiche sagt: »Hier hast du zehn Kopeken, der Rest ist Trinkgeld, ich kann es mir ja erlauben.« Daraufhin der Engel: »Pardon! Entschuldigung, wusstest du denn nicht, dass man im Himmel nur mit dem bezahlen kann, was man auf der Erde verschenkt hat?!«

Leo Tolstoi ist gnädiger als die biblische Geschichte. Er zeigt den Weg, wie man in den Himmel kommt. Jesus macht das ja auch, wenn er sagt: Ich war nackt, gefangen, obdachlos, krank, hungrig und durstig – und ihr habt mir geholfen. Die Jünger sagen: Nein, das haben wir doch gar nicht getan. Darauf Jesus: Alles, was ihr diesen Armen getan habt, habt ihr mir getan. Dann öffnet sich der Himmel, für Sie, für mich – für uns alle.

Internetadressen, Kontakt und Dank

Die Gemeinde St. Theodor und St. Elisabeth in Köln Höhenberg-Vingst:
www.kkg-hoevi.de

Die Evangelische Kirchengemeinde Vingst – Neubrück – Höhenberg, Erlöserkirche:
www.vingstneubrueckhoehenberg.de

Die Ökumenische Familienwerkstatt in HöVi:
www.hoevi-oefw.de

Die Kinderstadt HöVi-Land:
www.hoevi-land.de

Die Sozialraum-Koordination Höhenberg/Vingst:
www.hoehenberg-vingst.sozialraumkoordination.koeln

Der Sinnsucher-Podcast:
www.youtube.com/channel/UCS9VeS1XXJKjAwGrYv5CINQ
und www.facebook.com/sinnsucherpodcast/

Franz Meurer erreichen E-Mails an diese Adresse:
franz.meurer@erzbistum-koeln.de

Herzlichen Dank

sage ich meinen Mit-Autorinnen und -Autoren Georg K., Michael P., Elisabeth H., Reinhold H., Ulrike G., Elisabeth P., Gisela R., Selina W., Laura S., Ferdinand M., Martin Stankowski, Michael N., Michael Sebastian, Gereon G., Sylvia S., Hanns C., Marliese G.-W., Guido R., Friedrich R., Jörg Wolke, Markus W., Jürgen Becker, Anne B., Jannis Butterhof, Carolin Hillenbrand, Thorlak Aretz, Jana Gellissen, Elke M., Hans-Joachim Höhn, Adele M., Helga G., Margret Sch. und meinem Lektor Martin Merz.

Franz Meurer